作者简介

孙红玲　山东淄博人，1976年出生。北京语言大学语言学博士。现为首都师范大学讲师，主要研究方向为现代汉语语法、国际汉语教学。出版有学术专著《国际汉语教师中级语法教学手册》（高等教育出版社2017年），在《世界汉语教学》《语言文字应用》等核心期刊发表论文十余篇。主持教学改革研究项目"面向国际汉语教学的中级语法案例研究"1项；参与省部级课题3项、校级课题4项。曾获"首都师范大学2013年度青年教师教学基本功竞赛优秀奖""第二届北语社杯国际汉语教学资源大赛系列作品组二等奖"等奖项。

本书出版受首都师范大学北京市"一带一路"国家人才培养基地经费资助

孙红玲 ◎ 著

现代汉语重动句研究

人民日报学术文库

人民日报出版社 · 北京

图书在版编目（CIP）数据

现代汉语重动句研究 / 孙红玲著 . —北京：人民
日报出版社，2020.1
ISBN 978 - 7 - 5115 - 6273 - 9

Ⅰ. ①现… Ⅱ. ①孙… Ⅲ. ①现代汉语—语法—研究
Ⅳ. ①H146

中国版本图书馆 CIP 数据核字（2019）第 284939 号

书　　名：现代汉语重动句研究
XIANDAI HANYU CHONGDONGJU YANJIU

著　　者：孙红玲

出 版 人：刘华新
责任编辑：宋　娜
装帧设计：中联学林

出版发行：人民日报出版社

社　　址：北京金台西路 2 号
邮政编码：100733
发行热线：（010）65369509　65369512　65363531　65363528
邮购热线：（010）65369530　65363527
编辑热线：（010）65369521
网　　址：www. peopledailypress. com
经　　销：新华书店
印　　刷：三河市华东印刷有限公司

开　　本：710mm×1000mm　1/16
字　　数：185 千字
印　　张：14
印　　次：2020 年 1 月第 1 版　　2020 年 1 月第 1 次印刷

书　　号：ISBN 978 - 7 - 5115 - 6273 - 9
定　　价：85.00 元

序

赵金铭

    汉语有这么一种特殊的句式，比如：他喝酒喝醉了，这通常称作重动句，或称动词拷贝句。对这种句子，母语说汉语的人习焉不察，第二语言学习者在学汉语的过程中，却经常用错甚至回避使用。究其原因，可能是因为搞不清某些动词（如离合词）的特殊用法，更有可能是因为不明白重动句的语用功能，也就不知道什么时候使用重动句。

    孙红玲博士从事对外国人的汉语教学工作，多年以来，一直十分关注汉语重动句的教学与研究。早在读硕士研究生期间，她就从实际语料统计和分析入手，著有《致使性重动句的量变图式》一文（《世界汉语教学》2004年第4期），指出一种带有致使意义的重动句，比如：看书看成了近视眼，表现的是由事物数量的变化而引起质变的发展轨迹，并绘出了量变图式。这在当时是很有见地、很有新意的认识。

    孙红玲在攻读博士期间，仍然钟情于重动句研究这一课题，对前人与时贤对重动句的研究成果阅读殆遍，发现研究尚有不足，于是开始对重动句做全面的思考与探究。从重动句研究存在的问题出发，使用来自真实语境中的自然语句，从结构、语义、功能以及重动句与其他相关句式的关系诸方面，补苴罅漏，进行深入探讨，阐发己见，完成博士论文，并获答辩委员会专家肯定。

随之，孙红玲进入对外汉语教学领域。在课时多而杂、教学任务繁重的情况下，依然不能忘情于汉语重动句研究。几年的时光，对相关语料的细致入微的观察与缜密精细的分析，加之教学中对汉语重动句的新发现，不断参酌学界对汉语重动句的最新研究成果，几经修改，反复斟酌，披阅数次，在很多问题上提出自己的独立见解，完成了目前摆在大家面前的这部《现代汉语重动句研究》。

当我们展读这部书稿时，就会发现，孙红玲没有把重动句句法结构本身的形式及语义特点作为描写和分析的重点，而是着重研究亟待解决和需要进一步深入探讨的问题，如重动句的界定、语义范畴、语用功能、使用动因，以及与相关句式的功能对比等。其中多有发前人所未发之处，体现了作者在研究中的创新精神，书中一些亮点，开阔了研究思路，值得我们重视。

解决重动句的所指至关重要。只有界定科学，内涵和范围明确，重动句的研究也才会更科学而有效。书中采用意义和形式双重界定的办法，认为：重动句是指谓语动词后带有宾语性成分，再重复动词而后带上补语性成分的一种单句或者分句形式。用符号表示就是"S + VO + VC"。在语义上重动句中的两个 V 表示的一定是同一时间、同一地点的同一个动作。这样就把"抽烟抽红塔山"这种同样使用两个动词的句子排除在重动句之外。同时也解决了在实际分析中，有人总是把重动结构等同于重动句，忽略了结构和句子区别的问题。

关于重动句使用动因问题，前人虽也有关注，但是各持一说。诸如黄正德运用管约理论解释汉语重动现象的产生和形成，认为汉语动词短语中动词中心词照抄现象和动词短语或句子所代表的时段密切相关。戴浩一则运用认知—功能的研究框架，指出汉语中的"动词照抄"现象是一种对持续的动作和状态的临摹的表达，是人类观念上的一种自然看法在语法上的体现。孙红玲系统深入地探讨之后，得出自己的结论，成一家之言。孙红玲认为：对重动句的整体来说，使用重动句在句法、语义上主要是为了解决因句法、语义限制而导致的"宾补争动"的矛盾，在语用上则主要是为了突出强调特定活动中动作行为达到的量。这在重动句使用动因研究中可备一说。

说到重动句的语义范畴问题，书中的认识比早期有了进一步提升。书中认为重动句"VO + VC"的结构形式在整体上表现的基本语义是：表现特定活动中动作行为达到的量。这种量不是固定不变的，而是一个与初始参照量相比变化了的新量。这个新量有时是一种常量，有时是一种超常量，有时还会引起质变。所以，从重动句的整体来看，重动句表现的其实是一种从量变到质变的发展过程，可以形成一个典型的量变图式。

书中另一个出彩之处，是重新探讨重动句的语用功能，并提出新的看法。进入20世纪90年代以后，重动句的功能问题开始成为学界的研究热点，但一直没有一个统一的说法。经过深入探讨，孙红玲认为重动句独特的语用功能就在于突出强调特定活动中动作行为达到的量。这种功能与重动句使用上的许多语法表现都是一致的，即重动句多出现在因果和条件环境中，常常用来充当书面新闻中的"事件"标题，特指问句形式的重动句多针对句中动词的补语进行发问。

孙红玲对重动句的研究不仅涉及老问题，还关注前人未曾论及或论及不充分的新问题。对于旧题给予重新解释，力求新解合理。研究方法则以描写为前提，在充分描写的基础上对重动句的语义、功能及相应的语法特点作出解释，描写与解释并重，特别重视系统深入的动态描写与分析。新题力求有理有据，方法科学。为此，综合采用多种理论框架和研究方法。可以明显地看到，书中对语言现象的描写多取传统语法的角度，运用结构主义的分析法；对语言现象的解释则更多地采用了功能主义的思路，同时借鉴认知语法的研究成果。

汉语句子中"照抄动词"现象实在是太有特点了，重动句值得研究的问题还有很多，即使已经研究的问题，也还有继续深入研究的空间。研究确乎永无止境。

孙红玲的研究初衷，是发现第二语言教学中通常把重动句作为动补格式的一种特殊形式来看待，从而导致重动句的教学一直没有取得理想的教学效果。只有把重动句的特点说清楚，把重动句的功能搞明白，才能寻觅出最佳的重动句教学法。目前，对重动句教学的研究还远远不够。我们期待孙红玲对重动句后续的研究更深入。

孙红玲深思好学，对以往的研究成果了然于心，在深入分析自然语料的基础上，比较众家之言，依据可用的语言学理论，勇于提出个人的看法，是其研究的一大特点。与此同时，分析论证的个别粗疏之处或在所难免，追求更细密、更审慎、更系统研究是今后的方向。

孙红玲攻读博士学位期间，曾与我共同探讨汉语重动句。进入对外汉语教学领域后，又时相过从。近年来她对汉语作为第二语言语法兴趣尤厚，与他人合著《国际汉语教师语法教学手册》，多为教学积淀，十分有用。

孙红玲为人厚道，做事踏实，与我既是师生，又是朋友。孙红玲为人为文若是，书成之后，嘱我写序，义不容辞，略述本末，以就正于读者。

是为序。

2019 年 11 月

目 录
CONTENTS

第一章

绪　论

第一节　研究缘起

重动句是现代汉语中的一种特殊句式，其研究历史并不长，从 20 世纪 40 年代开始，至今不过七八十年的时间，但这期间有关重动句的研究却从未间断，取得的成果也是颇为丰硕。显然，在如此成熟的研究现状下，还要把重动句研究作为一本专著的选题，看起来似乎已无多大空间可做。但小题往往都可以大做，而且重动句现有的研究并不完美，许多问题仍需进一步探讨，如重动句的语义、功能、使用动因、完句成分及语义限制条件、与相关句式的对比及教学等。这些问题一直备受关注，却并未取得令人满意的结果。最具众说纷纭的如重动句的功能问题，一直以来都没有一个统一的说法，直到现在亦是如此。特别是有关重动句语用、语篇功能的分析，更是缺乏系统性和全面性。此外，重动句使用的动因、与相关句式的功能对比以及面向教学的重动句研究等，也都很少有文献论及。研究无止境，我们特别希望能把研究的触角继续推进一步，对重动句这些亟待解决和尚需深究的问题进行更深入细致的探讨，以期对重动句这一特殊句式有个更全面、深入的认识。

从应用的角度看，本研究也希望能为汉语作为第二语言的语法教学提供教学参考。随着我国国际地位的提高，学习汉语的留学生越来越多，而目前对重动句的研究大都是作为专家语法的一部分来进行的，在大量的现代汉语教材特别是对外汉语教材中，把重动句作为独立的句式类型来讨论的也不多，有的即使涉及了，也只是把重动句作为动补格式的一种特殊形式来看待。这就导致在汉语作为第二语言的教学中，重动句的教学一直没有取得理想的教学效果，以至于留学生在学汉语的过程中，经常错误地使用甚至回避使用重动句。如：

　　*我打球很多时间，所以现在很累。（我打球打了很长时间）
　　*他说话得很好，可是汉字不好。（他说话说得很好）

杨玉玲（1999）也提到了这一点：

　　*昨天我打球累了，所以我没有准备课文。（昨天我打球打累了，……）
　　* 我们很累坐火车，我们很快都睡觉了。（我们坐火车坐得很累，……）
　　* 从1983年到1986年我学了汉语三年，以后就不学了。（我学汉语学了三年，……）
　　* 我把他的故事听烦了。（我听他的故事听烦了/他的故事把我听烦了。）
　　* 刚来中国的时候，我把中餐吃不惯。（……我吃中餐吃不惯/我吃不惯中餐。）
　　* 妈妈培养我培养成一个医生。（妈妈把我培养成一个医生。）

　　留学生错用重动句，可能是因为搞不清某些动词（如离合词）的特殊用法，也可能是因为不明白重动句的语用功能，即不知道什么时候用重动句。不管哪种原因，都需要我们的汉语教师首先搞清楚重动句本身的一些语法特性，然后才能将这些知识运用到教学中去。理论联系实际，成果服务教学，这样的语法研究才有实用性，也才能为教学提供参考和帮助，这正是本研究的另一目的，也是研究中最有实用价值的一部分。

第二节 重动句研究现状

重动句研究的历史不长，从 20 世纪 40 年代王力等个别语法学家的简单提及，到 20 世纪 80 年代刘维群等一些学者的专门探讨，再到现在大批语法学者的集中讨论，其间只有短短的几十年。在这几十年中，有关重动句的研究取得了相当的成果，不过这些成果大多在 80 年代以后才涌现，正如施春宏（2010）所说，自王力（1944）提出"叙说词复说"及动词拷贝形式之后的相当长一段时间里，动词拷贝句的句法构造和句式意义方面的特点并未引起太多的关注。然而自 20 世纪 80 年代中期以后，这个句式引起了学界广泛的关注。①

已有成果中，比较有代表性的如秦礼君（1985）、刘维群（1986）、范晓（1993）、黄月圆（1996）、项开喜（1997）、李讷和石毓智（1997）、戴耀晶（1998）、王灿龙（1999）、杨玉玲（1999）、唐翠菊（2001）、张旺熹（2001）、赵新（2002）、熊仲儒（2004）、施春宏（2010）、钟小勇（2010、2017、2018）、赵林晓和杨荣祥（2016）等。另外，近些年部分硕士论文和博士论文，如姜悦（2007）、姜丹丹（2009）、刘梨花（2010）、钟小勇（2008）、徐丹丹（2015）、丁婵婵（2015）等，也对重动句的问题进行了集中探讨。从研究路径看，施春宏（2010）指出，这些研究主分为三条路径：一是结构主义的分析，主要围绕"宾补争动"情况展开对动词拷贝句配位方式的描写和说明；另一个是功能主义的分析，主要开始于 20 世纪 90 年代，既包括语用功能，也包括语义特征。近年则多在认知语言学框架或背景下分

---

① 施春宏. 动词拷贝句句式构造和句式意义的互动关系，中国语文，2010（2）.

析；再一个路径就是依据生成语法关于句法结构的生成原则来说明该句式的派生过程。①

可见，重动句的研究已经越来越引起学界的重视，有关重动句的研究也正逐渐走向全面和深化。

一、重动句研究的历史过程

纵向来看，重动句的研究大致经历了以下四个阶段。

第一阶段（1985 年以前）：顺便提及阶段。

之所以把该阶段称为顺便提及阶段，是因为该阶段虽然已经注意到"重动"这一特殊的语法现象并开始对其基本特点进行初步描写，但该阶段的研究大都没有把重动句作为一种独立的句式专门探讨，而是把重动句作为动宾或动补结构的一个下位小类顺便提及。因此，该阶段的研究不仅数量少，描写也很简单。如最早观察到重动现象的王力先生，他在《中国语法理论》②一书中讲复说法的时候，提到了八种"词复"形式，其中的第六种，即"及物动词目的位后面复一个及物动词"的形式，正是本文所说的重动结构。此外，胡附、文炼（1955）、赵普荣（1958）、何融（1958）、丁声树（1961）、赵元任（1968）、吕叔湘（1980）、穆力（1981）等等，也都对重动句作了相关的论述，但都没有把重动句作为一种独立的句法结构来看待。可见，该阶段的研究仍然停留在顺便提及和简单描写的阶段。

第二阶段（1985—1986）：专门探讨之"形式描写"阶段。

该阶段开始，重动句逐渐引起学界的广泛关注，人们开始把重动句作为一种独立的句法结构进行集中和专门的探讨，并首次对重动句的范畴进行了界定。如秦礼君（1985）首次将重动结构（文中用"动+宾+动重+补"来表示）作为一种独立的结构进行了较为全面的分析，对重动结构的否定形式、结构存在受到的条件制约、结构的形式变化、结构内部各成分之间的关

---

① 施春宏. 动词拷贝句句式构造和句式意义的互动关系，中国语文，2010（2）.

② 王力. 中国语法理论. 北京：中华书局 1954 年版，1944，205–206.

系以及重动结构的句法功能等问题分别进行了论述。之后，刘维群（1986）首次把重动句作为一个独立的句式加以分析，并首次对重动句的范畴进行了界定，同时论述了构成重动句动词的特点、重动句的结构形式及语义特点、重动句的否定形式以及重动句与"把"字句及 OVC 句的使用条件和规律，概括总结了重动句的主要特点。

从这些研究可以看出，该阶段对重动句的研究虽然已经进入专门探讨的自觉阶段，但研究主要还是以对重动句表面的结构特点及形式特征进行静态描写为主，对重动句的产生及深层的语义结构等问题则不做探讨。因此，该阶段对重动句的研究还是非常有限。

第三阶段（1986—1997）：专门探讨之"深层解释"阶段。

在这一阶段，随着语言学新理论新方法的出现及应用，学者们开始从不同的角度对重动句进行更全面和深入的分析，不仅对重动句的产生过程及原因等问题进行分析和探讨，同时还试图对重动句深层的语义结构和语法结构做出分析和解释。先是黄正德（1988）运用管约理论解释了汉语重动现象的产生和形成，认为这种现象是汉语句法中"短语结构条件"的制约造成的。汉语动词短语中动词中心词照抄现象和动词短语或句子所代表的时段密切相关。戴浩一（1990、1991）则依靠认知—功能的框架，指出汉语中的"动词照抄"现象是一种对持续的动作和状态的临摹的表达，是人类观念上的一种自然看法在语法上的体现。黄月圆（1996）从动词重复结构与把/被结构的分布规律出发，运用格位理论解释了重动句产生的原因，认为汉语动词短语的种种结构是通过不同方式获取格位的结果。温锁林（1996）则从信息编排的角度解释了重动句产生的语用制约因素，认为重动句的产生是由于受汉语动词偏后的信息编排策略以及与这一策略相对应的动词后只有一个重要信息单位的信息准则共同作用的结果。"动词后真正重要的信息单位只有一个"的句子信息编排准则是诱发和促成这种句式产生的主要动力。另外，范晓（1993）也运用三个平面的理论对补语带"得"的重动句做了专门的分析和探讨。

此外，李讷、石毓智（1997）还运用语法化理论探讨了动词拷贝结构的演化过程，认为动词拷贝结构是一种非常年轻的句法结构，直到《红楼梦》时代才出现，其产生的背景和条件是：由于动补结构的发展，动词和补语之间不能再插入宾语，导致"V（得）OC"格式的消亡，原来该格式引进宾语的功能除用业已存在的"把"字句、话题结构等承担外，还需要寻求一种新结构，用以引进一类特殊宾语和补语，这就是动词拷贝结构。动词拷贝结构的形式来源是一种话语结构，它是从两个成分相同、语序一样的单句抽象、固定下来的。

可见，该阶段的研究不仅在数量上大大扩展，在研究的深度和广度上也较前一阶段有了重大的突破。

第四阶段（1997—现在）：专门探讨之"多维研究、遍地开花"阶段。

该阶段重动句的研究更加深入和广泛，进入井喷式发展阶段，在各种新方法新理论指导下，多维度各角度的研究遍地开花，成果批量涌现。主要成果如项开喜（1997）、戴耀晶（1998）、王灿龙（1999）、唐翠菊（2001）、魏扬秀（2001）、张旺熹（2001）、聂仁发（2001）、赵新（2002）、施春宏（2010、2013、2014）、徐丹丹（2015）、丁婵婵（2015）、钟小勇（2010、2017、2018）、赵林晓和杨荣祥（2016）等。这些研究围绕重动句的功能、语义、形成机制、句式构造和语义互动等问题，从认知、功能、篇章等多个角度，深入分析、广泛探讨，使重动句的研究达到了前所未有的深度和广度①。

二、主要研究成果

重动句现有的研究涉及了重动句方方面面的问题，如：重动句的名称、界定及类别；重动句结构上的特点：如构成成分（动词、宾语、补语等）的特点、否定式的特点以及语义结构特点；重动句与相关句式的对比研究；重

————————————

① 研究的具体内容和详细情况将在下文进一步阐述，在此不做过多介绍。

动句式（构式）的语义以及重动句的功能等。这些问题中，对重动句结构形式的描写比较统一，其他如重动句的功能、语义、与相关句式的关系以及动宾结构中宾语的指称性等，则多数都有争议。

以下是研究中比较突出的几方面的成果。

（一）重动句的名称、界定及类别

对重动句的称说，目前来看主要有以下几种。如：

①叙述词复说或动词复说：王力（1944）、何融（1958）。

②动词重出：吴竞存、梁伯枢（1992）。

③动词照抄现象：黄正德（1988）、戴浩一（1990、1991）、胡文泽（1994）。

④"动+宾+动$_重$+补"结构：秦礼君（1985）。

⑤动词重复结构：黄月圆（1996）。

⑥动词拷贝结构/动词拷贝句：李讷、石毓智（1997）；施春宏（2010）。

⑦重动结构：张旺熹（2001）。

⑧复动句：范晓（1993）、温锁林（1996）。

⑨复制动词句：高更生、王红旗（1996）。

⑩重动句：刘维群（1986）、项开喜（1997）、戴耀晶（1998）、王灿龙（1999）、杨玉玲（1999）、唐翠菊（2001）、张旺熹（2001）、赵新（2002）、刘雪芹（2003）、熊仲儒（2004）、钟小勇（2010）、赵林晓和杨荣祥（2016）等。

以上这些称说，"名"虽不同，"实"则大致一致，即都指某种有动词重复出现的语法现象。但是，名称不同也反映了一个问题：学者们对重动现象的观察角度和界定范围是不同的。"叙述词复说或动词复说、动词重出以及动词照抄现象"等说法关注的是动词的特点，研究的立足点是动词在句子中的运用，因此，这种称说突出的是重动现象不同于其他句法现象的特点，指出这种现象是什么，而不是界定什么是重动现象。"'动+宾+动$_重$+补'结构、动词重复结构、动词拷贝结构及重动结构"的说法有明确的所指，侧重的是"VO＋VC"这种结构，把重动现象看作一个结构成分，这个结构成分可以从内部进行独立的分析，也可以放在一个更大的结构体中进行外部的功能分析。"复动句、复制动词句、重动句"的说法把研究对象看成是一种独立的句式，以研究句式的一般方法来研究重动现象。

这些名称中，目前得到大家普遍认同且使用最广的还是重动句这一名称。我们以为，重动现象可以是句子层面的语法现象，也可以是结构层面的语法现象。如果我们的研究只是局限在句子的范围内，重动句这一名称应该是比较合适的。理由有二：其一，"叙述词复说、动词复说、动词重出以及动词照抄现象"是对一种现象进行概括，而不像一个事物的名称，因此不适合当作名称使用。其二，事物的名称应该简单明确，不宜冗长烦琐，所以唯有"复动句、重动句"最简洁，而复动句目前没有明确的定义，使用频率也不高，取重动句的说法更容易接受。另外，如果我们的研究是在结构的范围内，则取"重动结构"的说法较好，理由是在所有以"结构"来命名重动现象的名称中，该名称最简洁，而且与"重动句"正好对应。

（二）重动句结构本身的特点

1. 动词的特点

关于重动句中的动词，秦礼君（1985）认为，"动词是能够带宾语、且能支配宾语的及物动词，才能重复出现一次"。所以，重动句中的动词不能是表存在的动词"有""在"和不具备支配功能的其他能够带宾语的动词"是""成为"等。唯一例外的是"像"字，如"这个孩子像他爸爸像极了。"而刘维群（1986）认为，一个动词，若具有带宾语和带补语的两种功能，原则上就可以充当重动句的V。但在实际言语当中，不受条件限制，最经常、最大量地出现在V位置上的，是单音节动词。比较起来，使用双音节动词的情况要少一些，而且这些动词往往只限于由两个动词性语素构成的并列式双音词。范晓（1993）则指出，重动句中的动词"多数是单音节动词，但少数双音节动词也可……""一般是及物动词，但也发现少数不及物动词""多数是动作动词，少数心理动词有时也可……"Tai（1993）则从认知语法的角度，认为重动句中动词的复现是由重叠象似动因所促动的，动词形式的复现蕴涵了意义层面上动作的复现或延续，因此，不表复现或延续动作的动词（如"发现、跳河"）不能出现在重动句中。

我们以为，重动句对动词的限制并非特别严格，更不是绝对的。不管是延续动词还是非延续动词，是及物动词还是非及物动词，是单音节动词还是双音节动词，只要条件合适（如语义上匹配、协调），都能进入重动句，只不过不同类型的动词进入重动句时所受限制的程度不同：单音节动词和及物动词受的限制少，双音节动词和不及物动词受的限制多。此外，离合词形式的动词也大量进入重动句的事实又说明，重动句中的 V 不一定就是一个词，也可能只是一个语素。这再次说明，重动句对动词的限制相对还是比较少，与把字句、被字句等其他句式相比，重动句对动词的包容度要高得多。

2. 宾语的指称

重动句中的宾语多数都是由名词性词语来充当的，但也有一少部分是由非名词性词语充当的，如"爹妈盼孩子们有出息盼了一辈子。/老婆子想吃那新奇的菜想得口水快流出来了。"这两个句子中的宾语就分别是由"小句"和"述宾结构"充当的。对于由名词性词语来充当的宾语，学界讨论最多的就是宾语的指称性问题。

李讷、石毓智（1997）认为，动词拷贝结构的使用有很多限制，其中的宾语一般是类属词（generic term），不能是定指的（nonreferential）。比如可以说"他喝酒喝醉了""他喝茅台酒喝醉了"，而不大能说"他喝那瓶酒喝醉了""他喝昨天买的酒喝醉了"。因为"酒"和"茅台酒"代表的是事物的类属，而"那瓶酒""昨天买的酒"则是有所指的具体事物。

项开喜（1997）与李讷、石毓智（1997）的看法基本一致，认为，充当 VP_1 中动词宾语的名词性成分在形式上受很大的限制，它一般只能是无标记形式（unmarked form）的名词性成分。他从词汇形式上分列了两组八类名词性成分的表现形式，即：

　　A 类：人称代词　　　　　　E 类："这/那" + （量词) + 名词

　　B 类：专有名词　　　　　　F 类：领属性定语 + 名词

　　C 类：光杆普通名词　　　　G 类：限制性定语 + 名词

　　D 类：("一") + 量词 + 名词　H 类：数词 + （量词) + 名词

　　项开喜认为 A、B 这两种形式在话语中属于定指性（identifiable）成分，主要传达旧信息；E、F、G 这三种名词性成分在话语中也属于定指性成分，但表示的是新信息。另外，C、D 两种形式的名词性成分在话语种属于无指性（nonreferential）成分，信息量趋于零。所以 A、B、C、D 四类无标记形式的名词性成分信息量都很低，充当 VP_1 宾语的一般都是这四种名词性成分。而 E、F、G、H 四类作为有标记形式的句法成分，信息含量大，因而都不能充当 VP_1 中动词的宾语。

　　王灿龙（1999）则明确指出：重动句的宾语并没有李讷、石毓智（1997）和项开喜（1997）所指出的这些限制。这一点也可以从语言内部找到证据：既然典型的定指性成分人称代词和专有名词都可以充当宾语，那么定指性与人称代词和专有名词相当或不及它们的 E、F、G、H 各类成分怎么不可以充当宾语呢？重要的只是，E、F、G、H 各类成分充当宾语时，句子的补语受到更多的限制。重动句的宾语是相对开放的，重动句的生成并不取决于宾语的有、无标记及定指、无指，只要语义上匹配、协调，各种形式的宾语都能进入重动句。如果说宾语形式的有、无标记及定指、无指对重动句的宾语有影响的话，那么这种影响主要表现在句子的使用频率上，无标记、无指宾语的重动句更为常见罢了。

　　我们以为，重动句宾语最大的特点在于形式上的无标记性，其指称性大多是无指的，也可以是有指的，在一定语言环境中甚至可以是定指的。一个名词性成分的指称性质和该名词性成分的词汇形式有一定的联系，但是单从词汇形式着眼，离开名词性成分出现的语境，讨论其指称性就难免失之武断。根据陈平（1987）对名词指称性质的有关分析，名词的指称概念应该是话语分析的概念，一个名词性成分的指称性质离不开一定的语境，光从名词性成分自身的形式上看很难判断其指称性。例如：

> 绿歌走上前去，看清楚是豁子，又看清他手里捧着杯子，绿歌便笑了。"是来给我送杯子呀？"她笑着问。……绿歌见他双手仍捧着水杯，就将杯子接过来说，"这么晚了你还送杯子来，谢谢你了。"……绿歌用豁子送来的杯子倒了一杯开水很渴似的喝着。豁子听她喝得急切，很渴的样子，就想自己送杯子送得正是时候。（张莉莉《游戏人生》）

这段话语中，名词"杯子"出现多次，虽然词汇形式略有不同，但所指是相同的。对于交际双方，以回指形式出现在重动句中的"杯子"毫无疑问是定指的。因此，考察重动句中宾语的指称性不能单从词汇形式入手。

3. VP_1 与 VP_2 两部分的语法地位

重动句的谓语部分是由 VP_1 和 VP_2 两部分构成的，从语义上看，VP_1 主要是提出一件事情，交代"做什么"；VP_2 则主要是对 VP_1 进行补充说明，交代"做得怎么样"。对 VP_1 与 VP_2 之间的这种语义关系，学界一般都没有疑义。

但是，关于 VP_1 与 VP_2 的语法地位问题，大家的看法不尽统一。总体来看，可以分为两大派：双语义焦点说和补语语义焦点说。

双语义焦点说的代表人物主要有：

①王灿龙（1999）认为，重动句的宾语和补语都是表义重点，很难说是动宾结构重要还是动补结构重要。因为前项表示一个动作事件，后项紧接着表示该动作事件造成的一种结果或状况，少了哪一项句子的表义都不全面、不完整。重动句实际上是个双语义焦点句。

②赵新（2002）认为"动宾""动补"都是语义重心。

补语语义焦点说的代表人物主要有：

①秦礼君（1985）认为"补"是核心。"动 + 宾"只是提出一件事情，不管其中的"动"或"宾"发生什么样的变化，都无碍于整个结构的叙述或

描写。

②刘维群（1986）指出，一般来说，重动句着意强调的是补语，它的语义重心总是落在 V_2C 上面。

③范晓（1993）认为，主语是全句主题，谓语部分是述题。其中"动宾"是小主题，"动补"是小述题，是全句的表达重心。补语处在全句末尾，是句子的焦点，在全句起"点睛"的作用。

④项开喜（1997）：重动句式的语义焦点不是前面的述宾结构，而是后面的述补结构，而重动句式中的述补结构一般是表示动作行为的某种超常性。

⑤聂仁发（2001）认为在重动句中，补语是焦点。

很明显，双语义焦点说认为 VP_1 和 VP_2 都是表义重心，VP_1、VP_2 语义地位相当；而补语语义焦点说则认为 VP_2 是整个结构的表义重心，VP_1 在结构中的语义地位远不及 VP_2。我们更倾向于补语语义焦点说，理由是：

首先，从信息结构的角度看，焦点总是句子的信息重心，是交际双方所关心重视的表达重点，因此，焦点只是句子所传递信息的一部分而不是全部，否则所有信息都是重点就不存在重点了。另外，现代汉语小句单焦点原则（Principle of one focus in one clause）也不允许一个单句中出现两个焦点。所以，对重动句来说，VP_1 和 VP_2 不可能全都是焦点。从这一点来看，双语义焦点说显然不具说服力。

其次，从信息传递的角度看，双语义焦点说所强调的事实实际上是从"信息量"的角度说的，而"焦点"是根据"信息地位"来判定的。

根据会话的基本原则，成功的会话要遵循语用原则中的适量准则（包括足量准则和不过量准则），否则交谈就会失败。具体讲就是：为听话人着想，说话人传递的信息要足量，否则信息不足会影响听话人的理解，此为信息足量准则；说话人为自己着想，只传递必要的信息，在信息足量的前提下，不传递过多的信息，否则会使话语罗嗦，产生冗余信息，此为信息不过量准则。双语义焦点说所强调的事实是："前项表示一个动作事件，后项紧接着表示该动作事件造成的一种结果或状况，少了哪一项句子的表义都不全面、不完整。"很明显，所谓"少了哪一项句子的表义都不全面、不完整"实际上正是从信息量的角度说的，即 VP_1 和 VP_2 都是保证"信息足量"不可缺少的组成部分，否则少了其中任何一项都会违反"信息足量"的准则。

可见，双语义焦点说实际上是误把"是否影响信息足量"当成了判定"焦点"的标准，而"焦点"并不是从"信息量"的角度界定的一个概念，而是从"信息地位"的角度界定的。因此，双语义焦点说把"VP_1 和 VP_2 都不可或缺"当作支持自己观点的理由的做法是不可取的。

最后，从表达焦点的手段来看，突出焦点常见的手段之一就是语序，即将焦点置于句尾，这就是通常所说的自然焦点。这样，在不借助任何其他特殊手段的情况下，仅通过重动句"$VP_1 + VP_2$"的自然语序来判断，我们只能得出这样的结论：VP_2 应该比 VP_1 更有资格成为焦点。

综合以上三点：第一，VP_1 和 VP_2 不可能全都成为重动句所传递的信息重心；第二，"VP_1 和 VP_2 都不可或缺"说的是"信息足量"而不是"信息地位"；第三，VP_2 比 VP_1 更有资格成为焦点。所以，在重动句"$S + VP_1 + VP_2$"的结构中，VP_2 才是句子的语义重心。也即，补语语义焦点说的观点更合理。

4. 重动句的否定形式

关于重动句的否定形式，秦礼君（1985）认为有两种：在"动"或"动重"前加否定词。加在"动"前是对整个结构的否定，否定词主要用"未必、别"；加在"动重"前是对陈述部分"动重 + 补"的否定，否定词可以是"未必、别"，也可以是"不、没（没有）"等。如：

（1）未必他今天能来。

（2）说话不（没）说清楚。

（3）骑车不（没）骑到天安门。

（4）过年没过得怎么样。

刘维群（1986）也认为重动句的否定表示法有两种，一是在 V_2 与 C 之间加否定词；一是在 O 与 V_2 之间加否定词。否定词只出现在 V_2 的前后，不能出现在 V_1 前面，这一点与秦礼君（1985）的看法不同。例如：

（5）这一回，我们找排长找不到，找连长也找不到。（吴强《红日》）

（6）他说话说得不好。（洪深《五奎桥》）

（7）几十年打仗没打死，我不能让他气死。（张天民《战士通过雷区》）

（8）刘社长临时召开的积极分子会，找你没找到。（周立波《山乡巨变》）

作者还指出，否定词在 V_2 的后面是对 C 进行否定，在 V_2 前面则是对 V_2 C 加以否定，不可能仅仅否定 V_2。

两位学者的看法有同有异：否定词出现在 V_2 前的情况没有疑义；否定词出现在 V_1 前面，秦礼君认为可以，刘维群认为不可以；否定词出现在 O 与 V_2 之间，刘维群认为可以，秦礼君没提到此种情况。可见，意见的不同主要表现为对否定词位置的看法不同。

我们以为，在讨论重动句的否定形式以前，首先必须区分两种不同的"否定"：形式上的"否定"和意义上的"否定"。如：

（9）他拒绝回答这个问题。

（10）他懒得去逛公园。

（11）我不喜欢他这种人。

（12）他没把孩子带走。

例（9）和例（10）两句只有意义上的否定，其否定手段是使用具有否定意义的词语"拒绝""懒得"，没有形式上的否定。例（11）和例（12）两句既有意义上的否定，其否定手段是使用否定标记"不""没"；也有形式上的否定，其否定手段也是使用否定标记"不、没"。例（9）、例（10）两句是句子的肯定形式，例（11）、例（12）两句是句子的否定形式。

一般来说，形式上的"否定"手段非常有限，一般只能通过否定标记（如"不""没""别"等）来实现。而意义上的"否定"手段则比较多，可以使用否定标记，也可以使用否定标记之外的其他手段，如按照石毓智（2001）所说，"交际过程中用于表达否定的手段是很丰富的，既可以是语言手段，又可以是体态语。……就语言系统内部来说，否定的方法是多姿多彩的，既可以利用否定标记'不'或'没'进行否定，也可以用反问语气、特指疑问代词、有否定意义的词语等手段达到否定的目的。"[①] 这些手段都是针对"意义"的否定来说的，因此所有这些手段都可以用来实现对意义的否定。

句子的否定是对句子所表现的整个命题的否定，因此既要求意义上的"否定"，也要求形式上的"否定"，只对意义进行否定的"否定"不是句子的否定。如例（9）、例（10）两例。

其次，句子的否定是对整个命题的否定，这就意味着否定的范围是整个句子而不是某些句子成分。也即，只对某一句子成分进行否定的"否定"也不是句子的否定，不能以句子成分的否定来代替句子的否定。如：

(13) a 他是一个很会花钱的人。

b 他是一个不会花钱的人。

c 他不是一个很会花钱的人。

a 句的否定形式应该是 c 式而不是 b 式，因为 b 式只是对定语部分进行

---

① 石毓智. 肯定和否定的对称与不对称. 北京：北京语言文化大学出版社，2001，23.

了否定，并不代表对句子的否定。"是"字句的否定形式是在"是"的前面加否定标记"不"，不管句子中的其他成分是否被否定。

再次，对一种固定的句式来说，句子的否定形式是固定统一的，不会随着部分意义的否定而改变。如把字句的否定形式在"把"的前面加"没／不"等否定标记，不会因为下面这种情况就改变把字句的否定形式。如：

（14）a 他把我的衣服改得很好看。

b 他把我的衣服改得不好看了。

在这个句子中，从 a 式到 b 式，补语部分的意义由肯定变为否定，但 b 式并不因此就成为把字句的否定形式，而仍然是把字句的肯定形式。把字句的否定形式是固定统一的，其他如"是"字句、被字句等也是如此。

最后，对句子进行否定之后，句子不能再被否定，如果还能被否定，则之前这个句子的否定就不是真正的句子的否定形式。如：

（15）a 他把我的衣服改得不好看了。→ b 他没把我的衣服改得不好看。

（16）a 她没把我的书包拿走。→ ＊b 她没没把我的书包拿走。

例（15）中 a 式因为不是句子的否定形式，所以句子还可以再次被否定，如 b 式。而例（16）中 a 式已经是句子的否定形式，所以句子不可以再被否定，如 b 式。

综上所述，句子的否定必须满足以下这些条件：

第一，既有形式上的"否定"，也有意义上的"否定"，二者缺一不可。

第二，是对整个命题的否定而不是对某一句子成分的否定，是对整个句子的意义的否定而不是对部分意义的否定。

第三，否定形式固定统一，不会随着部分意义的否定而改变。

第四，不能再被否定。

根据这些条件，我们以为下面这些句子都不是重动句的否定形式。如：

（17）他说话说得不好。（洪深《五奎桥》）

（18）其实在家吃饭花钱花得不多，跟在学校比，还是省。（生活口语）

（19）我也担心他装哑巴装不象。（吴强《红日》）

（20）我是这样看晓雪的，我第一次见她的时候，我看她看不懂，后来熟了，觉得她还是个不错的女孩。（连续剧《别了，温哥华》）

（21）刘社长临时召开的积极分子会，找你没找到。（周立波《山乡巨变》）

（22）几十年打仗没打死，我不能让他气死。（张天民《战士通过雷区》）

真正以否定形式存在的重动句应该是以下这种句子，即否定标记在"VP$_1$ + VP$_2$"结构前的重动句。如：

（23）那你说，人家要不定价定得高点，满 200 送 236 那还不赔死啊。（生活口语）

（24）他非常地后悔，没能送殡送到地土。（老舍《四世同堂》）

（25）走吧，别看她看着迷了。（转引张旺熹 2001）

事实上，重动句很少以否定形式出现，大部分重动句都是以肯定形式存在的。在我们收集的 1020 例重动句中，以否定形式存在的重动句只有以上这 3 例。至于为什么会如此，我们以为这主要跟重动句自身的表达特点有关。

从人类表达世界的一般经验来看，人们习惯于把"存在"的意义归为"肯定"，把"非存在"的意义归为"否定"。这样，人们运用语言来反映

"存在"的事实时，一般就用肯定形式；而反映"非存在"的事实时则一般用否定形式。重动句是一种现实句，表述的大都是客观上已经发生或存在的事实，而客观上已经发生或存在的事实都可以归结为"存在"的意义，因此是不需要否定的。所以，重动句很少以否定形式存在。

（三）重动句的语义

语义问题一直是重动句研究中备受关注的一个焦点，重动句表示的语法意义究竟是什么，学界一直在探讨，运用不同的理论，从不同的角度，但一直也没有统一的说法。熊仲儒（2004）根据功能范畴假设分析了重动结构的核心语义，认为重动句是一种致使句式，表达的是两个子事件之间的因果关系或者说致使关系。林忠（2010）从功能语法的角度出发，认为重动句作为现代汉语中的一种构式，主要用于表达主语具有高施事性的、VP2 信息值高于 VP1 的、同时保持动宾动补结完整性的一个已然事件。谢福、王培光（2014）运用构式语法的理论框架，对重动构式各构件特点以及构式的多义性进行了描写和解释，认为重动句的构式义可以概括为两类，一是对已然事件及其相关因素计量状态的一种客观陈述，一是对已然事件及其相关因素的计量状态的主观化陈述。丁婵婵（2015）与熊仲儒（2004）的观点一致，认为在重动构式中，VO 结构与 VC 结构之间具有一定的因果致使关系，VO 这个动作事件造成了 VC 这个结果或是状态。所以，重动构式的核心意义是致使义，描写动作发出者通过动作行为致使行为对象发生状态改变的致使关系。

这些说法中，"致使说"是一种比较有代表性的观点，但并未得到学界的普遍认同。从语义上看，重动句确实有一部分是表达致使关系的（如致使性重动句），但也有相当一部分重动句，如"他走路走得特别快""他们打球打了一上午"这样的句子，就很难说其中的 VO 与 VC 之间是一种致使关系："快"是"走路"时的一种状态，而不是"走路"导致的一种结果；"一上午"是"打球"持续的时间，也不是"打球"导致的一种结果。所以，"致使说"并不能完全令人信服，至少接受起来是有难度的。

（四）重动句的功能

重动句的研究其实从一开始就已经涉及了功能的问题，只不过起初的研究都是顺便提及式的研究，并没有进行专门的针对性研究。进入 90 年代中期以后，有关重动句功能的研究才普遍开始并逐渐涌现，但是关于重动句的功能，正如施春宏（2010）所说，"是最为聚讼纷纭之处，而且常常牵涉到对句法结构的分析"。

总结一下，这些有关重动句功能研究的主要成果如下。

何融（1958）认为动词复说在句法构造上能使动词多带连带成分，便利构造对比和配对的语句，同时还可以加强动词在结构中的力量和整个句子的语气。而王力（1944）和赵元任（1968）两位先生则认为，重动句可以解决宾语和补语在同一个动词后不能共现（即"宾补争动"）的句法矛盾。刘维群（1986）认为，"重动"现象的出现，主要是出于汉语句法结构上的需要，言外之意，重动句可以解决某些句法问题。此外，重动句还可以使整个句子的语气格外铿锵有力，具有明显的修辞效果。

项开喜（1997）专门讨论了重动句的语用功能，认为重动句的语用功能是突出强调事物和动作行为表现出来的超常量。王灿龙（1999）对此观点提出了疑义，认为这一结论只适用于部分具体的重动句，如果将它作为重动句句式的一个重要性质，就会有失偏颇。有些重动句表示出乎意料的结果义，这与重动句这种句式本身没有直接关系，它是句中各成分语义综合作用的结果。此外，聂仁发（2001）认为重动句独特的语用价值在于把动词与宾语（即 VP_1）作为一个整体、作为事件引进，即引入表达焦点的背景信息。魏扬秀（2001）从语篇角度出发，认为重动句多出现在因果关系语境的原因分句中，集中表现的是原因解释功能，在更高层意义上承担的是报道背景信息的功能。张旺熹（2001）认为重动结构作为一种特殊的动补结构，更倾向于表现间接的、具有较远距离的因果关系。

对重动句的功能进行句法、语义、语用等多维考察的学者如戴耀晶（1998），认为重动句的语法价值不仅在于解决宾语、补语同动词的立体语义关系与线性句法排列上的矛盾，更在于用邻接原则表现语言使用者对同一事件中包含的语义内容所作的分解陈述，即表现"邻接分解"的陈述。从语用上说，重动句的语法价值在于说话人需要把语义上密切相关的两项内容用显性的句法形式连续表达出来，陈述同一事件密切相关的两个方面。赵新（2002）也认为重动句的功能包括三个方面：一是在结构上将两个句子合成一个句子，用单句形式来表达复句的内容；二是在语义上对动作行为进行强调，使得动作行为与受动者、与结果状态之间的关系更为明确；三是在修辞上表达简明，富有节奏和韵律，具有一定的修辞效果。

　　以上各种说法分别从不同的角度分析了重动句的功能，都有一定的道理，也存在不足。我们以为，事物的功能可以是多方面的，但使该事物得以存在并显现其主要价值的必是它自身显著而突出的某种优势功能，与其他事物共有的功能只能丰富和提升该事物自身的价值，但不能决定它的价值。李讷和石毓智（1997）说过，动词拷贝结构的使用，有时是有选择性的，有时则是强制性的。同时引进宾语和补语的方式不止动词拷贝结构一种，但是要达到某种表达效果，也许只能用这种结构。所以，重动句的功能应该作多方面的考察，但重动句只有在为了达到某种表达效果而被强制选择时，它的价值才能真正体现出来。因此，研究重动句的功能，最重要的还是要找到它自身突出的优势功能，即对重动句的存在和使用起决定作用的根本功能。

　　（五）重动句与相关句式的对比研究

　　与重动句相关的句式很多，其中学界讨论较多的主要是"把"字句、"被"字句、"SOVC"句、"SVCO"句以及"SVOC"句。许多学者就重动句与这些句式的关系作了专文研究，在描述各种句式使用规律及分布特点的同时，还进一步探讨了句式之间互相变换的制约因素和条件。

　　在句式的使用规律上，刘维群（1986）认为在表达同一意义时，"把"字句所受到的限制比重动句大得多，两种句式互换以后，语意上有细微差别："把"字句对受事多具有一种处置性，而重动句的语义重心在补语上面。"SOVC"句式重心落在 O 上，重动句却是强调补语；重动句运用的范围比

"SOVC"句式大得多，"SOVC"句式一般可变为重动句，而许多重动句不能被"SOVC"句式替换。有的"SVCO"句也能表达重动句的意思，但在补语说明宾语时不能变换。"把"字句和"SOVC"句在某些方面都具有重动句的表义功能，往往可以互换，但要受到许多条件的限制。杨玉玲（1999）从对外汉语教学实际出发，认为重动句和"把"字句是用不同的手段解决同一问题——分化动词后的多个信息单位，实现"焦点在尾"而形成的两种结构独特的句式。至于何时用重动句，何时用"把"字句，这取决于补语的语义指向。重动句的补语一般指向施事和动作，指向受事的有特殊要求；"把"字句中的补语一般指向"把"的宾语，无论宾语为施事还是受事。

在句式的分布规律上，黄月圆（1996）通过对汉语动词短语"一个动词，一个补述语"语序的详细考察，发现汉语动词短语有把/被结构与动词重复结构互补分布的现象，即：能用把/被结构的句子不能有动词重复；可以重复动词的句子则不能用把/被结构。又进一步指出，这种互补分布是由于动词短语不同的深层结构引起的，名词的格位要求在动词短语中起了决定性的作用，制约了汉语的语序。但项开喜（1997）、李敏（1998）对黄的观点提出了异议，认为汉语的重动结构与把/被结构并没有这种互补分布的关系，黄的结论与语言事实是不完全符合的。有些动词重复结构不能变换为把/被结构是事实，但有些动词重复结构可以变换为"把字结构"，例如：

（26）他抽烟抽足了。／他把烟抽足了。

（27）她做饭做少了。／她把饭做少了。

有些既可以变换为"把"字结构，也可以变换为"被"字结构。例如：

（28）他砍树砍坏了斧子了。／他砍树把斧子砍坏了。

（29）他砍树砍坏了斧子了。／斧子被他砍树砍坏了。

在句式的关系和功能差异上，陈忠（2012）认为不同句式的功能差异根源于句式对活动的瞬时性、及物方向等结构自变量参数的不同结构配置，由此带来不同识解。钟小勇（2017）认为陈忠的这种分析角度很新颖，但有些观点不符合事实，另外文中及物参数的确立缺乏理据，有的自变量和因变量相混，参数配置、整合的机制也未做探讨。为此，钟小勇（2017）采用 Hopper 和 Thompson 的广义及物性理论，进一步从及物性的角度分析了重动句和把字句的功能差异，认为重动句的及物性显著低于把字句，而这种差异又跟两者的话语功能有关，重动句比把字句更倾向于做依附小句，把字句比重动句更倾向于做独立小句，而依附小句倾向于做背景，独立小句倾向于做前景。高及物与前景相关，低及物与背景相关。不能不说，钟文对重动句与把字句功能差异的这种分析很有说服力，无论是理论支撑还是分析角度，都令人耳目一新，对我们进一步认识重动句与把字句的功能差异极具启发性。

在句式变换的条件和制约因素上，学者们普遍认为：重动句能否变换为某种句式最主要的是取决于补语的语义指向，而是否需要变换则主要根据表达的要求和语境的实际。但实际上大家普遍讨论的都是"能否变换"的问题。如周海峰（1998），重动句变换为"把"字句的语义制约条件：补语语义指向主语的重动句不能转换为"把"字句；重动句补语语义指向宾语或其他成分时，只有部分重动句可以变换为"把"字句。王红旗（2001）也指出，补语的语义指向为施事或辅体的动结式大部分既可构成把字句，又可构成重动句；补语的语义指向为客体的动结式则只可构成把字句。此外，范晓（1993）、李临定（1980、1986、1989）也分别对重动结构与"把"字句、"被"字句等相关句式的变换关系及各自的特点作了论述。

对"是否变换"问题的专门探讨并不多，因为这一问题实际上讨论的是重动句的语用功能问题，主要以分析重动句独特的表达功能为主，因此分析的难度和深度都比较大。目前来看，学界对这一问题的探讨主要以顺便提及为主，如前面所说的刘维群（1986）的研究就是如此。刘认为重动句与把字句等相关句式互换以后，语意上会有细微的差别：把字句对受事多具有一种处置性，而重动句的语义重心在补语上面；"SOVC"句式重心落在 O 上，重动句却是强调补语。这种"语义重心"上的差别其实正是一种表达功能上的差异，因此刘的研究实际上已经涉及了"是否变换"的问题，只不过这种研究还不够全面和深入。另外，戴耀晶（1998）在把重动句与其他相关句式进行对比时，也提到了各种句式变换以后所体现出来的不同语法价值：主述宾句表明句子所陈述的是一个事件，SOVC 句的语法价值可用话题化解释，而重动句的语法价值在于表现语言使用者对同一事件中包含的密切相关的两项内容所作的分解陈述。

可见，以往对重动句与相关句式关系的研究，侧重的都是句式之间的变换分析，而这种变换分析又主要以探讨句式之间变换的制约因素和条件为主，即主要研究"能否变换"的问题，对"是否变换"问题的研究则远远不够。但句式之间的关系并不仅仅体现在变换的条件上，变换分析的目的也不是为了变换而变换。因此，对重动句与相关句式的对比研究，重要的不是研究它们之间的变换条件，而是要通过变换分析这种方式，从它们之间的变换关系上去挖掘重动句自身独特的存在价值，以此达到进一步认识重动句本质的目的。所以，研究重动句与相关句式的变换关系，"是否变换"的问题更为重要。

三、研究中存在的问题及不足

重动句的研究已经取得了丰硕的成果，但仍然存在一些问题和不足。这些问题和不足主要表现在以下几个方面。

（一）研究对象和研究范围不明确

所周知，结构和句子的范围是不一样的，尽管结构在一定条件下可以实现为句子，但研究结构和研究句子不论是在范围还是在方法上，都有着众多的不同之处。因此，语法研究首先应该分清研究对象的性质和范围。但是观察重动句以往的相关研究我们发现，许多学者对"重动"现象的分析虽然主观上都分别以重动句或重动结构为题，但在实际分析中却总是把重动结构等同于重动句，即忽略了结构和句子的区别。结构可以指句子结构，也可以指短语结构；可以从内部进行独立的分析，也可以放在一个更大的结构体中进行外部的功能分析。因此，结构的研究范围要大于句子的研究范围。重动结构作谓语或直接加上一定的句调便可构成重动句，因此重动句是重动结构存在的主要句法形式。此外，重动结构还可以在重动句式之外的其他句式中出现，如在有标记的被动句中：

（30）爹还没埋，我就给国民党抓兵抓来啦！（《无敌三勇士》）

（31）逃去第三日在京口地界五更天已被截路人打闷棍打死了。（《红楼梦》）

（32）心也让看闲书看乱了。（巴金《春》）

有的学者把下面这些句子也看作是重动句，其实，这是重动结构作主语、宾语或定语，所在的句式并不是重动句。例如：

（33）写字写得好是小王的优点之一。（转引秦礼君1985）

（34）我也担心他装哑巴装不象。（吴强《红日》转引刘维群1986）

（35）越是玩文学玩得彻底的越不承认自己在玩文学。（王朔《一点正经没有》）

（36）一村爷儿们娘儿们心里活着个轰轰烈烈的英雄乃至将军，见到面才明白是个打仗打呆了的废物，都为天臣不好受。（刘恒《力气》）

所以，研究重动句，范围只限于重动句句式；而研究重动结构，范围就不能只局限于重动句句式，其他句式中的重动结构也应该是研究的对象。以往研究中，除了秦礼君（1985）、李讷和石毓智（1997）等人的分析真正区分了结构和句子层面的不同外，其他学者的分析大多不作区分，因而在分析的角度、方法及范围上，往往出现句子和结构的混淆现象。重动现象中有些问题（如重动句的界定和范围、重动句的功能等问题）的分析一直不尽人意，很大程度上正是因为没有区分重动句和重动结构的不同。

（二）分析范围狭窄

因为以往研究存在上一小节所谈到的问题，所以以往的分析大多都以重动句式中的重动结构为主，对重动句之外的其他句式中的重动结构则很少顾及。另外，对重动句的研究一般也只局限于陈述句的范围，对其他句类的重动句很少顾及，更缺乏深入分析。事实上，重动结构在不同的句类中表现是不同的，句类的不同影响着重动句的语义特征，也影响着重动句的功能问题。因此，分析重动句有必要区分句类问题。如：

（37）说话说清楚！（转引秦礼君1985）

（38）走路走好！（转引秦礼君1985）

（39）你上课上到什么时候？（生活口语）

（40）你开题开完了吗？（生活口语）

按照张旺熹（2001）的解释，重动结构倾向于表现那些具有较远距离的因果关系。这种说法在陈述句中的确很有解释力，VO 和 VC 之间多是一种远距离的因果关系。但观察更多的例句后我们发现，重动结构在祈使句和疑问句中的情况并非一定如此，很多在陈述句中不怎么说的句子，特别是那些正常距离的因果关系，在祈使句或疑问句中却可以说，如例（37）—（40）。又如：

（41）这洗衣机这么小，洗衣服洗得干净吗？能甩吗？（生活口语）

（42）老那说："……老叔给你面子给够了吧？"（和军校《老那》）

（43）A：我的手机充电充满了吧？

B：满了。（口语）

（44）林太太问："林东篱接小丰接来了吗？"（《小说家》1996年第10期）

可见，研究重动句不能忽视句类问题，研究重动结构不能忽视句型问题。对"重动"现象的研究必须扩大范围，以使研究更深入和全面。

（三）研究中静态描写多，动态分析少

以往对重动句的研究还有一个明显的特点，即研究多从重动句句法结构本身出发，以静态孤立的内部描写为主，惯于把重动结构各方面的特点进行一一列举，从句子外部进行的动态分析则不够。吕叔湘说过："我所说的动态研究指的是句子内部各种成分之间的相互制约；一个句子可以怎样不变内容（或基本不变）而改变形式；某一句式适合用于哪种环境（上下文及其他），环境有某种变动的时候，句式要不要随之变化，如此等等。静态的研究当然重要，这是基础，可是语言毕竟是在使用中存在……"①

对重动现象结构形式和语义特点进行详尽地描述是必须的，但这只是语法研究的基础，更深入的分析要从结构内部转到结构外部，进行动态的功能分析。比如重动句与相关句式的关系，现有研究讨论的几乎都是句式之间的变换关系以及制约变换的条件，很少或根本不谈在多种可供选择的句式中，为什么选择重动句式而不选择其他句式，重动句的价值何在，重动句适用的语用环境是什么，什么情况下用重动句，重动句在功能上与其他句式有什么本质的区别等等。而这些问题的解决对对外汉语教学来说恰好是最有实用价值的。

（四）重产生动因的研究，不重使用动因的研究

在前面的小节中我们曾对重动句研究的历史阶段作了概述，从概述中可以知道，重动句的研究在进入 80 年代中期以后，开始进入"原因解释"的阶段。在这一阶段，大批的学者试图对重动句产生的过程及原因作出解释，如黄正德（1988），戴浩一（1990、1991），黄月圆（1996），温锁林（1996），李讷、石毓智（1997），等等。尽管这些论述中有些说法还值得进

---

① 吕叔湘. 给"第二届现代语言学现代汉语语法讨论会"的贺信. 汉语学习, 1990（4）.

一步的推敲，但总体来看，对重动句产生动因的研究还是引起了学界较多的重视，而相比之下，对重动句使用动因的研究却几乎无人问津。

"产生动因"和"使用动因"是两个有着密切联系的不同概念。说有联系，是因为一种事物往往是应某种"需求"而产生的，而这种"需求"在事物产生之后也必定会成为该事物被使用的一种动因，也即，某种特定的"需求"一旦成为一种事物"产生"的一种动因，那么这种"需求"在事物产生之后也必然会成为该事物的一种"使用动因"。只不过这种"需求"在事物产生之前充当的是"产生动因"的角色，而在事物产生之后，充当的是"使用动因"的角色。从这个意义上说，"产生动因"和"使用动因"总是有重合之处。因此，二者之间联系极为密切。

但是，"产生动因"和"使用动因"毕竟是两个不同的概念，前者讨论的是"为什么产生"的问题，其相应的动因一般主要来自客观因素；而后者讨论的是"为什么被使用"的问题，其动因既有来自使用者主观方面的因素，也有来自事物自身的客观方面的因素。所以，两者研究的角度和范围都不同。

以上两点对重动句来说同样适用，所以，研究重动句的产生动因不能不考虑重动句的使用动因问题，反之亦然。此外，重动句从产生到使用是一个连续不断的发展过程，在这一过程中，重动句句法结构本身也在不断地发展、完善和成熟，而与此相应的句法、语义、语用各方面的特点也在不断地发展和完善，直到形成某种稳定而独特的表达功能，而这种表达功能非得从重动句的使用上去研究不可。因此，只讨论"产生动因"而不讨论"使用动因"将不利于更好更全面地认识重动句的语法特点和规律，也将不利于更全面和深入地挖掘重动句自身存在的语法价值。

（五）关于重动句教学的研究较少

重动句已经成为现代汉语口语中的一种常用句式，而随着我国社会和经济的不断发展以及国际地位的不断提高，汉语作为第二语言的教学也已经发展到了一个前所未有的阶段，因此，重动句的教学也日益成为汉语教学的一个重要组成部分。但是，在目前的对外汉语教学中，重动句的教学效果并不是很理想，究其原因，主要是针对重动句教学的研究还远远不够。现有的研究大多都是针对重动句本体进行的，因此许多研究成果对实际的教学并无多大的实用价值。从留学生使用重动句形成的偏误来看，面向教学的重动句研究应该更偏重语用、完句成分及语义限制等具体问题的研究。如下面的句子：

　　a 妈妈培养我培养成一个医生。（妈妈把我培养成一个医生。）
　　b 人类灭绝的原因在于吸烟吸得过分。（吸烟吸得太过分了/太厉害了。）

从这两个句子可以看出留学生使用重动句时常见的两个问题。

a 句暴露出的问题是不知道重动句使用的语用环境，不知道重动句与相关句式在语用上的差别。b 句与重动句相关的问题主要是完句成分的使用不清楚。"吸烟吸得过分"作为一种短语结构是成立的，但是作为句子就显得牵强或别扭，因为从结构到句子还有一个过程，并不是任何一个重动结构都可以单独成为一个独立的句子，而是常常需要加入一些完句成分句子才能成立，如加入某些副词或助词（最常见的就是加"了"），等等。

可见，重动句的研究还应该再多些与教学相关的研究。

第三节　重动句的界定及范围

研究重动句，首先必须清楚重动句的内涵是什么；其次还必须清楚重动句的范围，即明确哪些句子可以算作重动句，哪些句子不可以。在此前提下，才能对重动句进行各个方面的研究。而要解决这两个问题，最关键的就是要解决重动句的界定问题，因为只有界定明确，内涵和范围才会明确，重动句的研究也才会更科学地进行。

一、目前学界对重动句的界定

目前学界对重动句的界定说法不一，因此相应的重动句的范围也不确定。这样，在研究重动句的过程中就出现了许多因争论某些句子是否应该算作重动句而产生的分歧。比如下面这些"界定"就是如此。

首次对重动句的范畴进行界定的是刘维群（1986），他认为，重动句是指谓语部分重复使用了同一动词的单句格式。按照这种界定，下面的句子似乎也该包括在内：

（45）你休息休息吧！

（46）我们看看那幅画。

但这种句子显然不是重动句，"休息休息"和"看看"都是动词重叠形式，"重叠"与"重动"虽然形式上类似，本质上却是两个不同的概念。所以这一界定并不严格。

李敏（1997）认为，重动句是指"有两个动词短语构成，从形式上说一般是指述语动词后带有宾语，重复动词后再带补语的一种单句。"这个定义较前一个定义要好，不但排除了（45）、（46）这种情况的句子，而且基本上能涵盖大部分的重动句，目前来看算是比较完善的一种界定。但有些学者（如项开喜1997、刘雪芹1998）也很细心地注意到了这样一部分重动句：

（47）你告状告得好，我默倒①你有多大的赏嘞！（巴金《猪与鸡》）

（48）革命革得开通了，大地方时兴男女自己。（梁斌《红旗谱》）

（49）他喘气喘得很厉害哩！（曹白《鸟在永恒的纪念中》）

---

① 默倒，亦作"默到"，方言，"以为，想着"之意。

（50）女孩子都到你那去交费，你爱得过来，结婚结得过来吗？（张欣《城市情人》）

这种重动句的特点是，两个动词短语中的第一个动词短语不是一个"动词＋名词性成分"组成的短语结构，而是离合词形式；第二个动词短语是该离合词的第一个语素加上补语组成的动补结构。刘雪芹（1998）认为，这是"由动词性语素重复而构成的重动句"。项开喜（1997）则认为"这种类型的句法结构形式是汉语重动句的一种典型形式"。这样看来，对重动句的界定还有待进一步完善。

不过，目前学界对重动句的总体面貌和基本句法形式的认识还是比较一致的，即基本上都认为重动句的句法格式为"S + VO + VC"。其中 S 代表句子的主语，两个 V 代表同一个动词或动词性语素，O 代表原动词或动词性语素之后的宾语性成分，C 代表重复的动词或动词性语素后的补语性成分。

例外的是，有的学者（如刘雪芹 2003b）认为重动句应该是指"谓语动词后带有宾语，再重复动词而后带上补语或者宾语的一种单句或者分句形式"。也就是说，重动句有"S + VO + VC"和"S + VO$_1$ + VO$_2$"两种类型，其中 O$_2$ 代表重动词后的宾语性成分。例如：

（51）吃桃子就要吃好的。

（52）这孩子，太挑食，顿顿吃饭都要吃好的。

（53）他写文章写了三十页。

（54）他捆行李捆了一身汗。

（55）我干活干得一身脏。

（56）她丈夫吃粉笔吃出了感情……（焦祖尧《归去》）

（57）我摸奖摸了一台彩电。

刘认为，根据重动词后成分的性质，重动句应该包括述补重动句（重动词之后的主要成分为补语成分）和述宾重动句（重动词之后的主要成分为宾语成分）两种基本类型。以上这些句子就属于述宾重动句。

二、本研究所说的重动句及其范围

从第二节我们对"重动句名实"所作的综述来看，不管人们对重动句所代表的这种句法结构冠以何种名称，这些名称都与"动词的重复出现"密切相关，即这些名称都是根据重动句这种句法结构的形式特点总结得出的。同样，"重动句"这一名称也完全是从重动句自身"重动"的形式特点得来的，可见，名称中的"重动"其实只是一种形式上的界定。这样，从形式上看，例（51）-（57）这样的句子都应该算作一种"重动句"，因为它们都符合"重动"的要求。但是，如果只是考虑这种形式上的界定，以下这些句子似乎也应该算作一种"重动句"，因为它们也符合"重动"的要求。如：

A 干也得干，不干也得干。

B 吓也把他们吓走了。

C 来是来了，吃完饭又走了。

D 出去走走吧，别老待在屋里。

E 一睡睡了一下午。

但众所周知，这些句子并不是真正的"重动句"。所以，只是从"重动"的形式上对重动句进行界定还远远不够，还必须从意义上对其进行进一步的限制。真正的"重动句"在内涵上应该是形式和意义的统一体。

那么，重动句还应该在意义上作哪些限制呢？

何融（1958）把重动句看作"动词复说法"的一种，并对"动词复说法"的范围作了明确的规定，指出，"动词复说法"必须具有如下的条件①：

---

① 何融. 汉语动词复说法初探. 中山大学学报，1958（1）.

1. 复说的两个动词必须在同一主谓结构里。

2. 复说的两个动词必须是表示同一动作的、省去一个而意义基本不变的同一结构成分。

3. 复说的两个动词必须是表示同一概念和起同一作用。

4. 复说的两个动词必须是不因复说而变动原来的意义或增添附加的意义。

既然重动句是"动词复说法"的一种，而"动词复说法"又必须具备以上这些条件，那么，重动句必然也具备以上这些条件。这样，根据目前学界对重动句基本句法形式相对一致的认识，再联系到以上这些语义条件和限制，本文对"重动句"的界定如下：

重动句是指谓语动词（或动词性语素）后带有宾语性成分，再重复动词（或动词性语素）而后带上补语性成分的一种单句或者分句形式。用符号表示就是：$S + VO + VC$。其中两个 V 代表同一个动词或动词性语素；O 代表宾语性成分，C 代表补语性成分；V 与 O 构成动宾结构 VP_1，与 C 构成动补结构 VP_2。

在语义上，重动句必须满足如下条件：第一，S 在某些条件下（如有具体语境的情况下）可以不出现，但在语义上一定存在着。第二，句中的两个 V 表示的一定是同一时间、同一地点的同一个动作。第三，句中的 C 一定是 VO 表现出来的一种结果或状态，即 C 在 VO 执行之前并不存在，而是因为 VO 的执行才产生的。这是重动句最重要的语法特征。

根据这种界定，以下这些句子很明显都是本文所说的重动句。如：

（58）他喘气喘得很厉害哩！（曹白《鸟在永恒的纪念中》）

（59）老婆子毫无防备，想吃那新奇的菜想得口水快流出来了，急忙亲自下厨房去做起来。（《格林童话》）

（60）A：他们怎么了？

    B：<u>他们装洋蒜装不下去了</u>。（连续剧《少年天子》）

（61）你看你，<u>开车门开的得手都起这么多茧</u>。（连续剧《粉红女郎》）

（62）<u>老婆想儿子想死啦</u>。（老舍《赵子曰》）

（63）下面这首歌呢，也算是首老歌了，因为<u>我写它写了十六年</u>。今天，我终于可以把它唱出来，献给我的妻子，也献给天下所有相爱的人。（刘欢，刘欢 2004 个人演唱会）

（64）皇帝，最近是不是又<u>读书读到深夜</u>？（连续剧《孝庄秘史》）

（65）<u>摸奖摸到轿车</u>，喜出望外；<u>领奖领出麻烦</u>，对簿公堂。（《宁波日报》1998 年 3 月 10 日）

（66）我也<u>想家想下了心病</u>。（西虹《家》）

而以下这种句子都不在本文所说的重动句范围之内。如：

（67）<u>吃桃子就要吃好的</u>。（刘雪芹 2003b）

（68）这孩子，太挑食，<u>顿顿吃饭都要吃好的</u>。（刘雪芹 2003b）

（69）<u>抽烟抽荆山红</u>，<u>喝酒喝荆水液</u>。（刘雪芹 2003b）

    根据我们对重动句的界定，重动句首先应该是一种单句形式的句子，而例（67）、例（68）这种句子实际上并不是一种单句，而是一种紧缩复句：例（67）是假设或条件复句，例（68）是条件复句，关联词分别为"就"和"都"。因此，这种句子不是我们所说的重动句。

    同样的道理，下面这种句子也不是我们所说的"重动句"，因为它们实际上也都不是单句。如：

（70）我呀，<u>做人就做到家</u>！（曹禺《北京人》，刘维群 1986）

（71）<u>拼命也得拼过去</u>呀！（吴强《红日》，刘维群 1986）

（72）这一来，小裁缝仍旧<u>当他的国王，当了一辈子</u>。（《格林童话》，刘雪芹2003b）

（73）他俩躺在一棵大树下，正<u>打鼾，打得树枝都弯上弯下哩</u>。（《格林童话》，刘雪芹2003b）

例（69）这样的句子我们之所以不承认是重动句，理由主要如下：

首先，从语义上看，重动句中的C一定是VO表现出来的一种结果或状态，而"荆山红""荆水液"这些成分既不是"抽烟""喝酒"所表现出来的一种结果或状态，也不是对"抽烟""喝酒"起着补充说明作用的补语性成分。因此，该类句子不论是在语义意义还是在句法意义上，都不符合我们所说的重动句的语义要求。

其次，重动句单独成句或以分句形式出现都很自如，而例（69）这样的句子很难单独成句，一般都是成对出现，若要单独成句，则只能以紧缩复句的形式存在，如：

a 抽烟就抽荆山红。
b 喝酒就喝荆水液。

而这与例（67）、（68）这样的句子其实又是一类，所以从这一点来看，例（69）这样的句子更像是一种紧缩复句。

综合以上两点，例（69）这样的句子在意义上与我们所说的重动句有着本质的区别，因此不在本文研究范围内。

另外，还有一类句子在形式上与例（69）这种句子极为类似，如：

（74）他写文章写了三十页。（刘雪芹2003b）

（75）吃饭吃了我一身油。（生活口语）

（76）他捆行李捆了一身汗。（郭继懋1998）

（77）我摸奖摸了一台彩电。（刘雪芹2003b）

这类句子与例（69）中的句子一样，在结构形式上看上去都像是"S +
VO$_1$ + VO$_2$"的结构形式，但实际上这些句子又与例（69）中的句子完全不
同。因此，在是否应该算作重动句的问题上，这类句子比较容易引起争议。

项开喜（1997）认为例（74）这样的句子不是重动句①，理由是这类句
子整个格式表示的是一种计量意义，只是客观描述某一数量范畴，不包含说
话人的任何主观态度。当然，这种解释是以项所说的重动句的语用功能是突
出强调事物和动作行为表现出来的超常量为前提的，因此不能简单地认为这
种解释不对，但脱离此前提，就未必成立：第一，重动句的语用功能究竟是
什么，至今并无统一说法，因而该说法只是一种有待认可的个人观点，缺乏
说服性；第二，项的言外之意是，从表达上看，重动句一定是包含了说话人
主观态度的句子，因此，不包含说话人主观态度的句子就不是重动句，但是
请看下面这种句子：

（78）手机充电充满了吗？（口语）
（79）他父亲逃荒逃到这儿落了户。（池莉《凝眸》）
（80）林太太问："林东篱接小丰接来了吗？"（《小说家》1996年第
10期）

画线部分的句子并不包含说话人的主观态度，或至少是存有异议，但它
们都是大家认可的重动句。可见，项的这种解释不具说服性。

我们以为，如果一定要拿"买黄瓜买了四斤/写文章写了三十页"这种
合理但却不太自然的句子来作例证的话，应该承认它们是重动句。至于理
由，这要涉及一个老话题，即如何判定动词后的数量短语是宾语还是补语的

---

① 项开喜举的例子是"买黄瓜买了四斤"，实际上与例（74）的句子是一类句子。

问题。这个问题很多人都探讨过，其中洪心衡（1963）① 的分析比较全面和细致。他详细分析了"动 + 数量词"的各种情况，综合分析后认为：汉语的宾语不一定是动作的对象，凡跟动作变化有关的表示人、事物、处所，以及表示一种情况的词语都可用在动词后边，算作宾语。因此，宾语是回答"谁、什么"的，但所谓"什么"应包括"什么处所、什么样子"。补语除是表示"怎么样"外，还有回答"多少"（包括"多久、多远、多高"等）的问题。区分宾语、补语的关键在于动词后边的数量词是否是"有所实指"。如果这个数量词后能补出中心词且句子仍然通顺、合乎习惯，这个数量词充当的就是宾语，否则就是补语。如"今天的风力将增强到九级"可以说"今天的风力将增强到九级的强度"，那么，这里的"九级"就是宾语。

此外洪还提到了几种特殊情况，即：

第一，即使数量词后边有名词，按意义是表示"多久、多远"的，而不能是"什么时间、什么处所"的，也应算补语。如：

> a 让他回原区工作<u>一段时期</u>。
> b 流出的油……直流出<u>好几里路</u>。

第二，有的数量词后边不一定能补出什么中心词，但表示某一种情况的存在，有"……的样子"意思，也算是宾语。如：

> a 他们吵作<u>一团</u>。
> b 这些土地过去分散成了<u>四十多块</u>。

第三，表示存在的"有"，有时它后边的数量词不能再补出中心词，但都可看作是表示某一种存在的情况，所以"有"后的数量词一般看作宾

---

① 北京语言学院语言教学研究所. 现代汉语补语研究资料. 北京：北京语言学院出版社，1992，232.

语。如：

　　　a 牲口原有<u>十八头</u>，现在有<u>三十九头</u>。
　　　b 整个牧场的水足有<u>一尺</u>了。

　　可见，除了表示存在的"有"比较特殊以外，区分一般动词后边的数量短语是宾语还是补语，主要根据的还是意义，即使数量短语里用的是物量词，也不见得就一定是宾语①。这样，按照洪心衡的方法，"买黄瓜买了四斤/写文章写了三十页"中的"四斤"和"三十页"应该是补语。因为：

　　首先，"买黄瓜买了四斤黄瓜/写文章写了三十页文章"是不能说的，即"四斤"和"三十页"都没有"实指"的作用。

　　其次，句子中的"四斤"和"三十页"也不表示某一情况的存在，在意义上表示"多少"，能回答"买黄瓜买了多少？/写文章写了多少"的问题，不能回答"买黄瓜买了什么？/写文章写了什么"的问题。

　　综合以上分析，例（74）这种句子的句法结构应该是"S + VO + VC"的结构。此外，该类句子在语义上也与我们所说的"重动句"保持一致。这样，不论是在句法结构上还是在语义上，该类句子都符合我们所说的重动句的条件，因此也在我们的研究范围之内。

　　至于例（75）、（76）这种句子，李临定（1989）早就作过专文论述，指出"吃了一身油""捆了一身汗"这种结构是动补结构而不是动宾结构。这样，该类句子在形式和意义上也都符合我们所说的重动句的要求，因此也在本文的研究范围之内。

　　例（77）这种句子并不多见，因为该类句子比较特殊：从语义上看，该类句子与例（75）、（76）这种句子类似，因为两种句子中重动词后的名词性成分都是VP₁产生的一种结果性成分。如"一身汗"是"捆行李"的一种结

---

　　①　黄伯荣（2002）认为量词短语里如果用物量词，一般是宾语。

果，"一台彩电"也是"摸奖"的一种结果。但从结构上看，该类句子又与例（65）这种句子类似，因为所有例（77）这样的句子都可以在不改变任何语义的前提下，通过补出补语性成分的方式构成例（65）这样的句子。如：

（81）摸奖摸（到）了一台彩电。
（82）敲鼓敲（出）了一个洞。

对例（81）、（82）来说，保留"到、出"即构成（65）这种句子，省略"到、出"即构成例（77）这种句子，即不管补语性成分"到、出"存在与否，句子都成立且保持语义不变。从这一点来看，例（77）这种句子实际上是例（65）这种句子在一定条件下①隐含了"补语性成分"而形成的一种句子结构。也即，例（77）这种句子表面上"$S + VO_1 + VO_2$"的结构其实并不是它的初始结构，而是"$S + VO_1 + VCO_2$"这种结构省略补语以后形成的一种变式结构。这样，对例（77）这种句子来说，其真正的句法结构应该和例（65）这种句子是一致的，因此也在我们所说的重动句范围之内。

综上所述，形式上符合"重动"要求的句子必须在满足以下这些条件后，才能构成本文所说的"重动句"。也即，本文所说的"重动句"在范围上限定如下：

第一，从句法上看，其结构形式为：$S + VO + VC$，其中 S 是句子的主语（有时因为上下文语境可以不出现），两个 V 是同一个动词或动词性语素，O 是宾语性成分，C 是补语性成分。

第二，从语义上看，两个 V 表示的必须是同一时间、同一地点的同一个动作；C 必须是 VO 表现出来的一种结果或状态，VC 对 VO 起补充说明作用。

---

① 这些条件有：第一，动词必须能兼容补语所承担的语义，保证补语性成分省略以后能承担原来补语所承担的相应的语义；第二，重动词后一般带"了"；第三，重动词后的名词性成分必须有数量短语来修饰。

第三，句子必须是单句形式。

第四节 研究框架、方法及语料来源

一、研究框架

严格地说，与"重动"相关的研究不止包括对"重动句"的研究，同时还包括对"重动结构"等其他"重动"现象的研究。因此，"重动句"只是"重动"现象中的一种。

本研究在"重动"现象现有研究的基础上，将"重动句"作为系统研究的对象，主要针对现有研究中的问题和不足，重点研究亟待解决和进一步深入探讨的问题，如重动句的语义范畴、语用功能、使用动因以及与相关句式的功能对比等。对重动句句法结构本身的形式及语义特点等将不再作过多的描写和分析。

本研究后面的分析将分为四章：第二章"重动句的分类"；第三章"重动句的量变图式"；第四章"重动句使用的动因"；第五章"重动句与相关句式的对比及其教学启示"。其中第三章讨论的主要是重动句的语义问题；第四章以讨论重动句的使用动因为主，兼论重动句的功能问题；第五章主要是通过对比重动句与相关句式在语用上形成的功能差异来进一步探讨重动句的语用功能以及由此带来的教学启示，该章实质上是第四章的延续和补充。

二、理论基础和研究方法

本研究的写作原则是以描写为前提，在充分描写的基础上对重动句的语义、功能及相应的语法特点作出一定程度的解释，力图做到描写与解释并重。在具体研究方法的运用上，综合了多种理论分析方法和研究成果。具体来说，对语言现象的描写主要从传统语法的角度，采用结构主义的变换、替换、扩展等分析法，如重动句的界定、分类、与相关句式的对比研究等就大量地采用了这些研究方法。对语言现象的解释则更多地采用了功能主义的思路和方法，同时借鉴认知语法的研究成果，如对重动句的语义、功能、使用动因及某些特殊语法表现的分析就主要采用了这些方法。

三、语料的来源及使用

本研究语料的收集采取非封闭式的方式，即不限定语料收集的具体范围。从搜集方式上看，语料来源主要有三个方面：一是从北京大学汉语语料库及报刊中搜索，这一部分主要是文艺语体的书面语语料。二是从生活口语中搜集，包括电影、电视、广播中的口语语料以及本人生活中收集的口语语料。这部分语料全部来自口语中自然使用的话语，因此是最有价值的一部分语料，也是本文所用语料的主要参考部分。三是选取部分前人和时贤文章中使用过的语料，在这部分语料中，为增强语料的真实可信性，又主要选择那些标有明确出处的语料。

此外，为使重动句的研究更科学和客观，本研究绝不使用个人生造的例句。因此，为便于分析查证，每个例句后面均注明例句的来源或出处：来自书面语语料的，注明作者及书名、文章、报纸等的名称；来自电影、电视、广播口语的，注明影视剧或栏目的名称，必要时标写电视台名称；来自自然使用的生活口语的，以"生活口语"加以注明，但不标注说话人的姓名；来自前人和时贤文章的，注明转引的作者名称及年代。具体标注说明如：

（1）写藏书写出如许悲凉，这是我始料所未及的。（余秋雨《文明的碎片》）

（2）我昨晚写《秋》写哭了。（巴金《秋》）

（3）要是有一天，吃饭吃出了人命，那到底怨谁呢？（中央电视台《今日说法》）

（4）上海师范大学洗澡要读秒，洗澡洗出了新闻。（中央人民广播

电台《晚报浏览》）

（5）倒车倒出错误，引出车祸一连串。（《京华时报》2004 年 11 月 21 日）

（6）没见我抽烟抽穷了，也没见你戒烟戒富了。（转引张旺熹 2001）

（7）人家恨你恨得连牙根都咬碎了。（电影《一声叹息》）

（8）你看你，开车门开得手都起这么多茧。（连续剧《粉红女郎》）

（9）我向往这个鱼香肉丝向往了好长时间了。（生活口语）

（10）下面这首歌呢，也算是首老歌了，因为我写它写了十六年。今天，我终于可以把它唱出来，献给我的妻子，也献给天下所有相爱的人。（刘欢，刘欢 2004 个人演唱会）

由于重动句的句法标记不明显，对重动句语料的筛选和搜集只能采取人工选择的方式。这种不便加上本人时间和精力的限制，都给重动句语料的收集造成了一定的困难。因此，本研究所收集的语料还不是足够多，目前可供研究使用的例句一共是 1020 例。但是，因为语料来源相对比较开放，而且绝大多数语料都来自现实生活中自然使用的活的口语，所以尽管在数量上还不是足够多，却足以能够代表重动句的整体面貌，较好地反映语言的事实，因此不会影响重动句研究的客观性。

第二章

重动句的分类

第一节　重动句的类别概述

　　重动句的结构形式是"S + VO + VC"，这一点学界普遍认同，但重动句的界定及范围，即哪些句子应该算作重动句而哪些不该算，目前说法不一。范围的大小会直接影响重动句的分类，如之前提到的"买黄瓜买了四斤、摸奖摸了一台彩电"这样的句子，是否将其划入重动句的范围，会直接影响分类标准的确定，进而影响分类结果。从重动句研究现状来看，目前学界对重动句的分类总体呈现出种类繁多、各成一家的复杂情形。但从划分标准来看，这些分类基本可分为三大类：一是根据形式划分的类，二是根据意义划分的类，三是分类时既考虑形式又兼顾意义。

一、根据结构形式所作的分类

根据结构形式对重动句所作的分类主要有以下几种：

刘维群（1986）根据补语是否带"得"首先将重动句划分为两大类：

第一类：补语带"得"的重动句。该类重动句的补语多数是谓词性词语，一般都表示结果或情状。如"杀人杀得太多了。"

第二类：补语不带"得"的重动句，又细分为四小类，即：

①补语由形容词性词语充当，如：你熬夜熬多了。

②补语由述宾词组充当，如：好像疯狗，吃孩子吃红了眼了。

③补语由介词结构充当，如：收租收到李家大嫂床高头去了吧？

④补语由数量词组充当，如：他做报告做了两个小时。

李讷和石毓智（1997）根据补语的语义特征和结构特点，将重动句分为四类：

第一类：补语是时间词，如：他看书看到两点。他睡觉睡了一个小时。

第二类：补语为单纯的形容词或不及物动词，如：他看书看累了。她办事办成了。

第三类：补语为"得"字结构，如：她念书念得很快。她开车开得很稳。

第四类：补语之后另有宾语，如：他切菜切破了手。他学英文学坏了眼睛。

赵新（2001）按照重动句的结构形式将重动句分为六种结构类型：

第一种：V+O+V+得+C（V＝动词 O＝宾语 C＝补语），该类称为含"得"重动句，补语多由形容词词组、述补词组、动宾词组或主谓词组充当。如：他打球打得很累。他游泳游得快极了。他踢球踢得忘了时间。他看书看得眼睛都疼了。

第二种：V+O+V+到+N（N＝名词性词组），这一类称为含"到"重动句，如：你上课上到几点？他们聊天聊到半夜。

第三种：V+O+V+了/过+T（T＝数量词组），如：我坐车坐了两天。我去北京去过两次。

第四种：V+O+V+C+了，如：他们打球打赢了。他动手术动晚了。

第五种：V+O+V+C+了+N，如：他种菜种成了专家。他写信写错了地址。

第六种：V+O+V+了+个+C，如：我们喝酒喝了个痛快。他们吵架吵了个天翻地覆。

张旺熹（2002）也是首先根据补语是否带"得"将重动句分为两大类："得"字短语作补语的重动句和非"得"字短语作补语的重动句。在此基础上，又根据补语构成成分的不同把前者分为三小类，后者分为六小类。

第一类："得"字短语作补语的重动句。

①补语由小句充当，如：他打儿子打得手都肿了。我掐豆角掐得手指头疼。

②"得"后成分省略，如：你是不是小时候看日本小说看得……

③补语由动词短语、名词短语或形容词短语充当，如：他追儿子追得直喘气。小王刷漆刷得一身花。毛泽东看邓小平看得很准。

第二类：非"得"字短语作补语的重动句。

①动补结构是"动＋补＋宾"形式，如：他挑水挑肿了肩膀。新来的民工挖那口井挖出了一枚戒指。

②"把"字结构充当动补结构，如：吃螃蟹把孩子吃吐了。讲课把学生讲跑了。

③补语由动词短语、名词短语或形容词短语充当，如：出事出怕了。弟弟倒酒倒了一桌子。大家骑车骑累了。小张寄信寄错了地址。

④补语由介词短语充当，如：你说话说到点子上了。拍马屁拍到马蹄子上。

⑤动补短语为补语的可能式，如：他赶火车赶不上了。我们找排长找不到。

⑥补语由数量短语充当，如：我挂号挂了一上午。他拍戏拍了许多年了。

刘雪芹（2003b）根据不同分类标准对重动句进行了多角度、多层次的更细分类：

①根据重动词之后语言成分的特点，分为动助式重动句、动介式重动句、动趋式重动句、动名式重动句四种类型。

②根据重动词与其后成分的结构关系分为述补重动句和述宾重动句。

③根据重动词自由性的强弱分为松重动句、紧重动句和中重动句。

④根据重动词与原动词重复的语法位置分为全位和前位重动句。

⑤根据动词性成分的性质分为词重动句和语素重动句。

⑥根据重动词的语义性质分为自主重动句和非自主重动句。

从以上这些划分可以看出，按照结构形式对重动句所作的分类实际上主要依据的还是补语的结构形式，因此所谓的"结构形式"说到底其实只是补语的结构形式而非重动句的整体结构形式。

二、根据语义关系所作的分类

根据语义关系对重动句所作的分类主要有以下几种：

李临定（1986）讨论"动补"格句型时，根据名受出现的情况以及补语与名施的关系把重动句分为两大类六小类。即：

第一类：名施＋动1＋名受＋动1＋动2。

①动2和名施有语义关系。动1是及物动词，动2是不及物动词或形容词。如：老张熬夜熬病了。

②动2和名受有语义关系。动1是及物动词，动2是形容词。如：我做饭做少了。

③动2只和动1发生关系。动1是及物动词，动2常是形容词，也可以是不及物动词。如：他抽烟抽足了。

第二类：名施＋动1＋名受＋动1动2＋名受。

④动1和动2都是及物动词。如：你写通知写落了一个字。

⑤动1是及物动词，动2是不及物动词或形容词。如：你们吵嘴吵醒了我。我喝酒喝红了脸。

⑥动2和后面的名受是习惯性组合，二者不能分离。如：他喝茶喝上了瘾。我说话说走了嘴。

唐翠菊（2001）根据"VO"与"VC"之间是否存在致使关系，将重动句分为致使性重动句和非致使性重动句两类，并以重动句能否变换为"VO 把 SV˙C"格式作为分类标准，认为能变换为"VO 把 SV˙C"格式的重动句是致使性重动句，不能变换为这一格式的就是非致使性重动句。如：

①致使性重动句：能变换为"VO 把 SV'C"格式的重动句。如：

他吃中餐吃胖了。→ 吃中餐把他吃胖了。

他喝酒喝得东倒西歪的。→ 喝酒把他喝得东倒西歪的。

②非致使性重动句：不能变换为"VO 把 SV'C"格式的重动句。如：

他动手术动晚了。→ ＊动手术把他动晚了。

他办口语班办得十分成功。→ ＊办口语班把他办得十分成功。

凌璧君（2014）通过考察重动句补语的语义指向，根据述语和补语之间的语义关系把重动句分为三类：客观描述类、主观评述类、致使类。如：

①客观描述类：我数钱数了七八遍。/他说英语说得很快。/我煮饭煮糊了。

②主观评述类：我吃晚饭吃早了。/我包饺子包多了。/我挖坑挖浅了。

③致使类：我洗衣服洗湿了鞋。/我吃西餐吃胖了。/我讲课将得口干舌燥。

这三类重动句，描述类和评述类都是非致使性的，其中的补语指向施事和旁及对象；致使类中补语指向动作和旁及对象。

三、形式与意义相结合所作的分类

赵林晓、杨荣祥（2016）曾指出，分类最好是将形式标准和语义标准结合起来。就重动句来说，依据构成形式分类比较直观，但分出的小类内部的语法意义未必一致；依据意义分类，又常常会有见仁见智的问题。所以，形式也好，意义也罢，不管哪种单一标准的划分法，都存在不足和例外情况。正因如此，赵林晓、杨荣祥（2016）在对重动句进行分类时，没有以单一的形式或意义为标准，而是以形式分类为主，同时按语义标准分出的类贯穿在形式分类之中。具体地说，就是先根据重动句后段 VP 的构成形式，从形式上把重动句划分为五类，然后再根据补语的语法意义对每一形式类的重动句进行意义分类。

五种形式分类大致如下：

① "VOV 不 C" 式：即后段 "VP" 为 "V 不 C"，如：后世有烧山烧不出来，毕竟烧死的。

② "VOV 得 C" 式：即后段 "VP" 为 "V 得 C"，如：晕船晕得了不得。写施恩写得好。

③ "VO₁VCO₂" 式：即后段 "VP" 为 "VCO$_2$"，文中称为两宾类重动句。如：我读书读到《孟子》，难道这三个字也认不得。哭情人哭出他银一锭。

④ "VOVC" 式：即后段 "VP" 为动结式或动趋式，如：这些戏文都是你磕头磕出来的。我是讨喜钱讨惯了，所以错听。

⑤ "VO₁VO$_量$" 式：即后段 "VP" 带数量短语，如：叫门叫了半日才开。绍闻向冰梅要茶水姜汤要了两三遍。

从分类标准看，形式和意义兼顾的划分法理论上应该比单一标准更周全，不过赵林晓、杨荣祥（2016）也发现，仅仅根据补语的语法意义进行分类并不适用于所有重动句，比如从形式上分出的以上五类重动句，同一形式类之下能分为致使和非致使的只有三类，即 "VOV 得 C" 式、"VO₁VCO₂" 式和 "VOVC$_结$" 式重动句。"VOV 不 C" 式、"VO₁VO$_量$" 式以及 "VOVC$_趋$" 式重动句，都没有致使非致使的区分。

可见，即使是形式和意义相结合的双重标准，依然没有很好地解决重动句分类的问题。

四、小结

陆俭明先生说过："分类是人类认识客观世界的一种最基本的方法"，"我们要研究、认识事物，必须对所研究的事物进行分类。可以这样说，没有分类就没有科学"。① 从这一点来看，分类对研究重动句来说是必要的。但同时也要意识到，任何分类都是为了达到某种特定的目的而进行的，就学术研究来说，一种分类如果对某项研究不能起到积极作用，或不是针对某种特定的研究目的，纯粹为分类而分类，则这种分类是没有价值的。

从重动句分类的现状可以看出，以往对重动句的分类因为各家分类标准不一，导致重动句的分类出现混乱而不够严密的复杂情形。此外，有些分类甚至为分类而分类，完全没有明确的研究目的。如刘雪芹（2003b）根据不同的标准对重动句所作的多角度、多层次的分类：根据重动词自由性的强弱分为松重动句、紧重动句和中重动句；根据重动词与原动词重复的语法位置分为全位和前位重动句；根据动词性成分的性质分为词重动句和语素重动句；根据重动词的语义性质分为自主重动句和非自主重动句等等。客观地说，这些分类细致而且合理，从中还可以看到重动句内部的多种不均质性。但如此分类的目的和意义何在，作者没有指出，也没有作任何与这些分类相应的具体研究，似乎这些分类只是为了说明重动句内部成员之间存在着诸多差别和不同。我们以为，类似这样的分类不做也罢，一是意义不大，二是按照这种分法，重动句的分类将是无止境的，分类也将因此而失去它应有的价值和意义。

总之，分类合理是一回事，是否有价值则是另一回事。对重动句来说，以上这些分类可能都是合理的，但不一定都是有价值的。

第二节　致使性重动句与非致使性重动句的划分

从前面的论述我们知道，重动句现有的分类并不都是完美的：一方面有些分类不够严谨和全面，一方面有些分类价值不大。但比较来看，有两种分

---

① 陆俭明. 现代汉语语法研究教程. 北京：北京大学出版社，2004，27.

类却不得不提：一是唐翠菊（2001）所作的致使性重动句与非致使性重动句的分类，一是张旺熹（2002）按照补语结构形式所作的分类。前者首次认识到了重动句内部语义的非均质性，可谓重动句研究中意义重大的一步。后者在所有按照补语结构形式所作的分类中是最全面的，因为该分类首次考虑到了以下几种常见的重动句：

A 我们找排长找不到。（动补结构为补语的可能式）

B 弟弟倒酒倒了一桌子。（补语由名词短语充当）

C 你是不是小时候看日本小说看得……（补语为零形式）

这些重动句有的之前就有人提过（如 A），有的则没有（如 B、C）。三个句子代表的其实是三种不同结构类型的重动句，但多数学者在对重动句进行分类时都没有考虑这三种重动句，所以分类并不全面。

以上两种分类大大方便了重动句功能、语义等诸多问题的研究，因此在重动句研究中具有重要价值。但两种分类也存在一些不足，所以仍有进一步完善的必要。

一、"致使"与"非致使"的现有划分

唐翠菊（2001）首次把重动句划分为致使性重动句与非致使性重动句两大类，认为它们无论是在句式变换、VP$_1$ 与 VP$_2$ 之间的语义联系还是在补语的语义指向上，都存在着一系列的差别。我们赞同这种意见，并认为这一发现是重动句研究中具有重要意义的一步。

但是，对唐文中致使与非致使的划分标准，即能变换成"VO 把 SV′C"格式的为致使性重动句，不能作此变换的为非致使性重动句，我们认为还值得商榷。这一标准确实能把部分重动句划分为致使与非致使两大类，但并不全面，因为该标准对下面这种重动句并不适用。如：

（1）种果菜种出一个上市公司。（《羊城晚报》1999 年 5 月 15 日，转引赵新 2002）

　　→＊种果菜把（S）种出一个上市公司。

（2）咱们现在借钱借得人家都烦了。（中央人民广播电台广播剧《马克思的一天》）

　　→＊现在借钱把咱们借得人家都烦了。

（3）我刚才欺负小彭欺负哭了。（生活口语）

　　→＊刚才欺负小彭把我欺负哭了。

（4）我现在得罪人得罪得我上街就受骗。（北京交通广播《1039 交通服务热线》4 月 21 日）

　　→＊现在得罪人把我得罪得我上街就受骗。

（5）<u>敌人的飞机挨揍挨怕了</u>，贴着沟溜，不飞到跟前听不见声。（转引刘雪芹 2003b）

　　→＊<u>挨揍把敌人的飞机挨怕了</u>，贴着沟溜，不飞到跟前听不见声。

（6）摸奖摸了一台彩电。（转引刘雪芹 2003b）

　　→＊摸奖把（S）摸了一台彩电。

　　"致使"与"非致使"原本是一种意义上的划分，所以致使性重动句与非致使性重动句也应该是按照意义的不同进行的分类，但是在唐文中，致使性重动句与非致使性重动句是根据重动句能否变换为"VO 把 SV′C"格式这一形式标准划分出来的。这样，只用一个形式上的标准去划分意义上"致使"与"非致使"的不同类型，就必然会出现偏颇和疏漏。如以上这组句子，按照唐文对致使性重动句和非致使性重动句各自语义联系的阐述，应该是致使性重动句，我们也以为如此。但是按照"VO 把 SV′C"的划分标准，这些句子又不能算作致使性重动句，因为它们都不能变换为"VO 把 SV′C"的格式。所以，这里的意义分类和形式上的划分标准是矛盾的。仅用"VO 把 SV′C"这一形式标准去划分致使性重动句与非致使性重动句并不可行。

　　此外，"致使"与"非致使"的划分必然还会涉及与"致使"相关的一组概念，如致使范畴、致使情景、致使关系等等，但这些概念的具体内涵是什么以及如何去判定它们，唐没没作具体说明。

　　鉴于以上这种现状，我们以为，把重动句划分为致使性重动句与非致使性重动句是必要的，因为重动句在语义上确实存在这种非均质性。但如此划分的前提是必须重新寻找新的划分标准，否则不精确的划分结果会直接影响到重动句研究的客观性以及结论的可靠性。

二、"致使"与"非致使"的重新划分

（一）致使性重动句与非致使性重动句在语义上的不同

　　重动句的句法形式我们记作"S + VO + VC"。根据唐翠菊（2001）的论述，致使性重动句与非致使性重动句在语义上的最大区别在于两种句子中 VO 与 VC 之间的语义联系不同：致使性重动句中 VO 与 VC 之间存在一层因果关系，即 VO 所代表的动作行为直接导致了 VC 所代表的语义内容的产生；非致使性重动句中 VO 与 VC 之间不存在因果关系。对此，我们有几点不同的看法。

　　首先，"致使关系"并不等同于"因果关系"，二者虽有密切联系但绝非同一概念①。所以，第一，用"VO 所代表的动作行为直接导致了 VC 所代表的语义内容的产生"来诠释"VO 与 VC 之间存在因果关系"不够准确。第二，既然所划分的类别是"致使"与"非致使"的不同，那么致使性重动句与非致使性重动句在语义上的区别就应该是是否存在"致使关系"，而非"因果关系"。

　　其次，汉语语法体系中最为集中地表现因果联系的就是动补结构，重动结构作为一种特殊的动补结构，原本连接的就是一种因果关系，所以不管哪种类型的重动句，句中都存在因果关系，这一点从张旺熹（2002）的"重动

---

　　①　关于"致使关系"与"因果关系"的区别，下文会作进一步阐述。

结构的远距离因果关系动因"中也可以得到支持。

最后，严格地说，两类重动句在语义上的最大区别不是在于两种句子中 VO 与 VC 之间的语义联系不同，而是在于 VO 与 C 之间的语义联系不同，即前者的 VO 与 C 之间存在致使关系，而后者的 VO 与 C 之间不存在致使关系。

所以，VO 与 VC 之间是否存在因果关系并不是致使性重动句与非致使性重动句在语义上的根本区别，根本区别应该是 VO 与 C 之间是否存在致使关系。这样，什么是致使关系以及如何判定 VO 与 C 之间存在致使关系就成为我们首先要解决的问题。

（二）致使关系与"致使/非致使"的意义划分标准

关于致使关系，郭锐和叶向阳（2001）在《致使表达的类型学和汉语的致使表达》一文中曾指出，所谓致使表达（causative expression），指致使情景的表达形式。致使情景是相对于自主事件（autonomous event）而言的。致使情景有两方面的特点：第一，包含两个或两个以上的事件。第二，两个事件有作用 – 效应关系，即事件 1 导致事件 2，或事件 2 因事件 1 而发生。其中事件 1 叫致使事件，事件 2 叫被使事件。比如 I persuaded John to leave 这个句子，致使事件是"I persuaded John"，被使事件是"John left"。两个事件合并为一个致使情景。

此外，致使关系不同于物理世界中的因果关系，也不同于语言表达中一般的因果关系。致使关系中，致使事件对被使事件一定有作用力，而因果关系中原因对结果不一定有作用力，如"因为庄上人家大多姓赵，所以就叫了赵庄"，这里的原因更多的是一种理据、缘由，而不是导致另一事件的作用力。

不难看出，郭锐、叶向阳对致使关系的阐释主要是通过论述致使情景的构成条件及特点来完成的。但反过来看，这些条件和特点其实正是致使关系的一种判定标准。即：要判定 A 和 B 之间是否存在致使关系，一要看 A 和 B 各自所代表的语义内容是否能构成两个独立而不同的事件，二要看 B 是否是由 A 引起的一个新事件（或者 A 是由 B 引起的一个新事件）。"是"则 A 和

B 之间存在致使关系，"否"则不存在致使关系。

致使性重动句与非致使性重动句在语义上的根本区别在于 VO 与 C 之间是否存在致使关系：存在即为致使性重动句，不存在即为非致使性重动句。这样，解决"致使/非致使"的划分问题实际上就转化为解决 VO 与 C 之间是否存在致使关系的问题。而根据致使关系的判定标准，VO 与 C 之间是否存在致使关系又主要取决于以下两个条件：一是 VO 与 C 各自所代表的语义内容是否能构成两个独立而不同的事件；二是 C 是否是由 VO 引起的一个新事件。这样，重动句"致使/非致使"的意义划分标准就是：如果句中 VO 与 C 各自所代表的语义内容能分别构成两个独立的事件且 C 是由 VO 引起的，则重动句是致使性重动句，否则就是非致使性重动句。

由此再来看例（1）—（6）这组句子，我们会发现，这组句子表现的正是一种典型的"致使情景"：第一，VO 和 C 所代表的语义内容各自都能构成一个独立的事件，如"咱们现在借钱（VO）"和"人家都烦了（C）"是两个独立不同的事件，"我得罪人（VO）"和"我上街就受骗（C）"也是两个独立不同的事件，等等。第二，C 是由 VO 引起的一个新事件。如"人家都烦了"是由"咱们现在借钱"导致发生的，"我上街就受骗"是由"我得罪人"导致发生的，而"小彭哭了"则是由"我欺负小彭"导致发生的。显然，该组句子中 VO 与 C 之间都存在致使关系，因此应该是致使性重动句。

（三）两类重动句的重新划分

根据"致使/非致使"新的意义划分标准，对致使性重动句与非致使性重动句我们可以作如下的重新划分。

1. "致使/非致使"在补语带"得"的重动句中的划分

①补语为 VP、AP 或 NP 的重动句

（7）a 萍儿！<u>我想你想得快发疯了</u>……（电视剧《粉红女郎》）

（8）a <u>我今天喝那个橙汁喝得受凉了</u>，肚子不舒服。（生活口语）

（9）a 我怕你们<u>等他等得着急</u>，所以来告诉你们一声。（刘心武

53

《醒来吧，弟弟》)

(10) a 蓝齐儿，跟娘回去吧，你可知道，你的皇阿玛想你想得好苦啊。(电视剧《康熙王朝》)

(11) a 我看他下棋看得一头雾水。(转引刘雪琴 2003b)

(12) a 奶奶烧饭烧得一屋子油烟味。(转引张旺熹 2001)

(13) b 炕上他骂韩德培骂得出血，白日里为韩家做活却比谁都热心。(刘恒《萝卜套》)

(14) b 豁子听她喝得急切，很渴的样子，就想自己送杯子送得正是时候。(张莉莉《游戏人生》)

(15) b 最好别吃鸡脖子，那儿打激素打得最多，女的吃了不好。(生活口语)

(16) b 你读书读得好，可读了这么个博士。(连续剧《海棠依旧》)

在这组句子中，a 类句中的 VO 与 C 各自所代表的语义内容都能构成两个独立而不同的事件，而 b 类句中只有 VO 所代表的语义内容能构成独立的事件，C 则不可以。如：

a 我想你想得快发疯了 → 我想你/（我）快发疯

a 我今天喝那个橙汁喝得受凉了 → 我喝那个橙汁/（我）受凉了

a 你们等他等得着急 → 你们等他/（你们）着急

a 你的皇阿玛想你想得好苦 → 你的皇阿玛想你/（你的皇阿玛）好苦

a 我看他下棋看得一头雾水 → 我看他下棋/（我）一头雾水

a 奶奶烧饭烧得一屋子油烟味 → 奶奶烧饭/（一屋子）油烟味

b 他骂韩德培骂得出血 → 他骂韩德培/（＊）出血

b 自己送杯子送得正是时候 → 自己送杯子/（＊）正是时候

b 那儿打激素打得最多 → 那儿打激素/（＊）最多

b 你读书读得好 → 你读书/（＊）好

根据郭锐、叶向阳的论述，致使情景有两个参与者，即致使者（致使事件的激发者）和被使者（被使事件的主体），其中被使者是致使情景中的关键，因为它一方面是致使事件中的承受影响者，另一方面又是被使事件的主体，正是这种双重的角色，让被使者得以把致使事件和被使事件联系起来，从而构成一个致使情景。因此，在致使情景中，被使者是必不可少的。从上面的分析可以看出，a 类句中总能找到被使者（即括号中的成分），而 b 类句中却找不到被使者，从这一点来看，b 类句中也不可能存在致使关系。

此外，a 类句中的两个事件之间都具有作用 – 效应的关系，即 C 所代表的事件都是由 VO 引发的新事件，而 b 类句中的 VO 根本没有引起新事件的发生，自然也就谈不上致使关系。如：

"我快发疯了"是由"我想你"导致的。

"我受凉了"是由"我喝那个橙汁"导致的。

"你们着急"是由"等他"导致的。

"你的皇阿玛好苦"是由"想你"导致的。

"我一头雾水"是由"看他下棋"导致的。

"一屋子油烟味"是由"奶奶烧饭"导致的。

可见，a 类句中 VO 与 C 之间是一种致使关系，因此 a 类重动句都是致使性重动句；b 类句中 VO 与 C 之间不存在致使关系，因此 b 类重动句都是非致使性重动句。

除了以上这些特点，该组重动句中的 a 类重动结构在形式上还能变换为"（S）C 是 VOV 得"或"C 是（S）VOV 得"[①] 的格式，b 类则不可以。如：

---

① S 之所以加括号，是因为有时重动句中的 S 在形式上并不出现，此时重动句只能变换为"C 是 VOV 得"的格式。如果 S 在形式上也存在，则重动句就可以变换为"SC 是 VOV 得"或"C 是 SVOV 得"的格式。

a 我想你想得快发疯了 → 我快发疯了是想你想得。（SC 是 VOV 得）

a 我今天喝那个橙汁喝得受凉了 → 我受凉了是喝那个橙汁喝得。（SC 是 VOV 得）

a 你们等他等得着急 → 你们着急是等他等得。（SC 是 VOV 得）

a 你的皇阿玛想你想得好苦 → 你的皇阿玛好苦是想你想得。（SC 是 VOV 得）

a 我看他下棋看得一头雾水 → 我一头雾水是看他下棋看得。（SC 是 VOV 得）

a 奶奶烧饭烧得一屋子油烟味 → 一屋子油烟味是奶奶烧饭烧得。（C 是 SVOV 得）

b 他骂韩德培骂得出血

　→ * 他出血是骂韩德培骂得。（SC 是 VOV 得）

　→ * 出血是骂韩德培骂得。（C 是 SVOV 得）

b 自己送杯子送得正是时候

　→ * 自己正是时候是送杯子送得。（SC 是 VOV 得）

　→ * 正是时候是送杯子送得。（C 是 SVOV 得）

b 那儿打激素打得最多

　→ * 那儿最多是打激素打得。（SC 是 VOV 得）

　→ * 最多是那儿打激素打得。（C 是 SVOV 得）

b 你读书读得好

　→ * 你好是读书读得。（SC 是 VOV 得）

　→ * 好是读书读得。（C 是 SVOV 得）

②补语为小句的重动句

(17) a 好你个阿牛，<u>我找你找得腿都直了</u>，你还……（电影《丑

汉和他的俊媳妇》)

（18）a 陶哥，我等你等得肚子又饿了。（连续剧《恩情》）

（19）a 你昨晚打呼噜打得我一夜都没睡好。（生活口语）

该组重动句与第①组重动句中的 a 类一样，其中的 VO 与 C 之间也是一种致使关系，因为 VO 与 C 之间也符合致使关系的两个条件。如：

"我腿都直了"是由"我找你"导致的。

"我肚子又饿了"是由"我等你"导致的。

"我一夜都没睡好"是由"你打呼噜"导致的。

另外，该类重动结构在形式上也都能变换为"（S）C 是 VOV 得"或"C 是（S）VOV 得"的格式。如：

a 我找你找得腿都直了 → 我腿都直了是找你找得。（SC 是 VOV 得）

a 我等你等得肚子又饿了 → 我肚子又饿了是等你等得。（SC 是 VOV 得）

a 你打呼噜打得我一夜都没睡好 → 我一夜都没睡好是你打呼噜打得。（C 是 SVOV 得）

③补语省略及补语为"得 + 怎么样"的重动句

（20）a/b A：我觉得吃这个东西（"旺旺"仙贝）很容易上瘾。

B：可不是，你不知道我有一阵子迷它迷得呀……（生活口语）

（21）a/b 嗨，博导就是博导，你看人家上课上得……是吧？（生活口语）

（22）a/b 你开题开得怎么样啊？（生活口语）

该组重动句中，例（20）、（21）因为补语成分省略，我们无法确知 VO 与 C 之间是否存在致使关系，所以这种形式的重动句究竟应该属于哪种意义类型，必须根据说话人具体的表达内容来决定。例（22）按照张旺熹（2002）的说法，"得 + 怎么样"从语义上讲是一个有待补充的空位，因此该类重动句的意义类型也无法确定。这样，对"致使/非致使"的划分来说，③组这种形式的重动句是一个例外，即没有致使与非致使的区别。

④补语为零形式的重动句

还有一种重动句，其补语性成分因为在语境中他移，形成补语为零形式的"VOV 得"的特殊形式。如：

（23）a A：我的肚子一直在闹，咕噜咕噜的全是气。

　　　　B：<u>你喝那个茶喝得吧</u>。（生活口语）

（24）a 你的小脸煞白，是不是<u>想我想得</u>？（连续剧《李卫当官2》）

（25）a A：你刚才出去了？

　　　　B：嗯，我去医院拿了点药，神经性头疼，难受死了。

　　　　A：怎么搞得？B：唉！<u>写论文写得呗</u>。（生活口语）

之所以把该组重动句单列一类，是因为该组重动句在结构形式上与其他任何一类重动句都不同。首先，"VOV 得"的形式不同于具有完整结构的"S + VO + VC"式重动句，这是它区别于一般重动句的最大特点。其次，该组重动句不是补语成分"省略"而是"他移"，所以尽管结构不够完整，但在上下文语境的帮助下整个结构所表现的语义内容依然完整明确，即原本 C 所应该承担的语义内容仍然可以补出来。这样，整个结构所表现的语义内容仍然包含了两个独立不同的事件。这是它与第③组句子的最大不同。如：

a A：我的肚子一直在闹，咕噜咕噜的全是气。

　B：你喝那个茶喝得吧。（生活口语）

　→我喝那个茶/我的肚子一直在闹

a 你的小脸煞白，是不是想我想得？（连续剧《李卫当官2》）

　→你想我/你的小脸煞白

a A：你刚才出去了？B：嗯，我去医院拿了点药，神经性头疼，难
　受死了。

　A：怎么搞得？B：唉！写论文写得呗。（生活口语）

　→我写论文/我头疼

　　每个句子中所包含的两个事件之间都具有作用－效应的关系，即通过语境补出来的与 C 相应的事件是由 VO 所代表的事件导致发生的。即：

　　a"我的肚子一直在闹"是由"我喝那个茶"导致的。

　　a"你的小脸煞白"是由"你想我"导致的。

　　a"我头疼"是由"我写论文"导致的。

　　所以，从致使关系的构成条件看，该类句子也是致使性重动句。

　　另外，该类重动结构因为结构中没有 C，所以在形式上无法变换为"（S）C 是 VOV 得"或"C 是（S）VOV 得"的格式，但跟上文语境中与 C 相应的语义内容组合却能构成"（S）C 是 VOV 得"的格式。如：

　　a 我的肚子一直在闹是喝那个茶喝得。（SC 是 VOV 得）

　　a 你的小脸煞白是想我想得。（SC 是 VOV 得）

　　a 我头疼是写论文写得。（SC 是 VOV 得）

2. "致使/非致使"在补语不带"得"的重动句中的划分

⑤补语之后另有宾语的重动句

（26）a 我也想家想下了心病。（西虹《家》）

（27）a 这么多年不见，"武松"发福发成这样了。（中央电视台《非常6+1》李咏）

（28）a 就是探监探出事来了。（连续剧《康熙微服私访记》）

（29）a 老太太盼媳妇盼白了头。（转引张旺熹2001）

（30）b 传销传进医院。（转引刘雪芹2003b）

（31）b 她怨恨自己，为什么投胎投错了地方。（转引魏杨秀2001）

（32）b 这一次可以说打蛇打在七寸上了。（李佩甫《羊的门》）

与第①组重动句类似，该组重动句也是 a 类句中的 VO 与 C 之间存在致使关系而 b 类句中不存在，因为前者符合致使关系的条件而后者不符合。

首先，a 类句中的 VO 与 C 各自所代表的语义内容能构成两个独立而不同的事件，而 b 类句不可以。如：

a 我也想家想下了心病 → 我想家/（我）得了心病

a "武松"发福发成这样了 → "武松"发福/（"武松"）成这样了

a 探监探出事来了 → 探监/（不好的事情）出来了

a 老太太盼媳妇盼白了头 → 老太太盼媳妇/（老太太）白了头

b 传销传进医院 → 传销/（＊）进医院

b 投胎投错了地方 → 投胎/（＊）错了地方

b 打蛇打在七寸上了 → 打蛇/（＊）在七寸上了

其次，a 类句中两个事件之间具有作用 – 效应的关系，即 C 是由 VO 引发的一个新事件，而 b 类句中的 VO 根本没有引起新事件的发生。如：

a"（我）得了心病"是由"想家"导致的。

a"'武松'成这样了"是由"发福"导致的。

a"出事了"是由"探监"导致的。

a"老太太白了头"是由"盼媳妇"导致的。

所以，a类句是致使性重动句，b类句则是非致使性重动句。同样，该组重动句中的a类重动结构在形式上也都可以变换为"（S）C是VOV得"的格式。而b类不可以。如：

a 我想家想下了心病 → 心病是我想家想得。（C是SVOV得）

a"武松"发福发成这样了 → "武松"成这样了是发福发得。（SC是VOV得）

a 探监探出事来了 → 出事了是探监探得。（C是VOV得）

a 老太太盼媳妇盼白了头 → 老太太白了头是盼媳妇盼得。（SC是VOV得）

b 传销传进医院 → ＊进医院是传销传得。（C是VOV得）

b 投胎投错了地方 → ＊错了地方是投胎投得。（C是VOV得）

b 打蛇打在七寸上了 → ＊在七寸上了是打蛇打得。（C是VOV得）

⑥补语为VP、AP或NP的重动句

（33）a 老婆想儿子想死啦。（老舍《赵子曰》）

（34）a 我这不是出主意出怕了嘛！（连续剧《大宅门》）

（35）a 她想史大伟想疯了。（连续剧《粉红女郎》）

（36）a 刚才吃饭吃了我一身油。（生活口语）

（37）a 摸奖摸了一台彩电。（转引刘雪芹2003b）

（38）b 张萍在这一阶段发球发出来了。（第 28 届奥运会女排"中
－德"现场解说词）

（39）b 皇上，奴才当差当砸了，该罚。（连续剧《康熙王朝》）

（40）b 你这个讨厌的吸血鬼，吸血吸完了没有？（连续剧《粉红女
郎》）

（41）b A：哎呀，我的面怎么泡成这样了？B：你倒水倒多了。（生
活口语）

该组重动句 a 类句与 b 类句在语义及形式上同样存在一系列的不同之处。

首先，a 类句中 VO 与 C 各自所代表的语义内容能构成两个独立不同的
事件，而且 C 都是由 VO 引发的。b 类句中的 VO 则没有引起新事件的发
生。如：

　　a 老婆想儿子想死啦→老婆想儿子/老婆死了 →"老婆死了"是
"想儿子"导致的。

　　a 我出主意出怕了→我出主意/我怕了 →"我怕了"是"出主意"
导致的。

　　a 她想史大伟想疯了→她想史大伟/她疯了 →"她疯了"是"想史
大伟"导致的。

　　a 吃饭吃了我一身油→吃饭/我一身油 →"我一身油"是"吃饭"
导致的。

　　a 摸奖摸了一台彩电→摸奖/得到了一台彩电→"得到一台彩电"是
"摸奖"导致的。

　　b 张萍发球发出来了 →张萍发球/（?）出来了

　　b 奴才当差当砸了 →奴才当差/（?）砸了

　　b 吸血吸完了 →吸血/（?）完了

　　b 你倒水倒多了 →你倒水/水多了

　　值得说明的是例（41）。表面上看，例（41）中 C 所代表的语义内容似乎也能构成一个被使事件，但事实并非如此。被使事件是由致使事件引发的新事件，它所代表的事实一定有一个从无到有的实现过程，而此处的"水多了"只是对事实的一种评价，并没有表现出从无到有的实现过程，因而并非由"倒水"引发的新事件。

　　在这组重动句中，a 类句中的 VO 与 C 之间都存在致使关系，是致使性重动句；b 类句中的 VO 与 C 之间都不存在致使关系，是非致使性重动句。

　　其次，在形式上，a 类重动结构都可以变换为"（S）C 是 VOV 得"或"C 是（S）VOV 得"的格式，而 b 类不可以。如：

　　a 老婆想儿子想死啦 → 老婆死了是想儿想得。（SC 是 VOV 得）

　　a 我出主意出怕了 → 我怕了是出主意出得。（SC 是 VOV 得）

　　a 她想史大伟想疯了 → 她疯了是想史大伟想得。（SC 是 VOV 得）

　　a 吃饭吃了我一身油 → 一身油是我吃饭吃得。（C 是 SVOV 得）

　　a 摸奖摸了一台彩电 → 一台彩电是摸奖摸得。（C 是 VOV 得）

　　b 张萍发球发出来了

　　　→＊张萍出来了是发球发得。（SC 是 VOV 得）

　　　→＊出来了是张萍发球发得。（C 是 SVOV 得）

　　b 奴才当差当砸了

　　　→＊奴才砸了是当差当得。（SC 是 VOV 得）

　　　→＊砸了是奴才当差当得。（C 是 SVOV 得）

　　b 吸血吸完了

　　　→＊完了是吸血吸得。（C 是 SVOV 得）

　　b 你倒水倒多了

　　　→＊你多了是倒水倒得。（SC 是 VOV 得）

　　　→＊多了是你倒水倒得。（C 是 SVOV 得）

⑦补语为"到"短语的重动句

（42）a 说话说到有人厌恶，比起毫无动静来，还是一种幸福。（鲁迅《坟》）

（43）a 你有没有想一个人想到胃痛，吻一个人吻到嘴巴肿？（王文华《蛋白质女孩》）

（44）a 如果我在哪个地点被照相的话，那我非打官司打到倾家荡产不可！（龙应台《看世纪末向你走来》）

（45）b 妹妹，你哥读书读到死也是个秀才，你……（连续剧《康熙王朝》）

（46）b 藏书藏到一定地步，就会对书的整体形式重视起来，不仅封面设计，有时连墨色纸质也会斤斤计较。（余秋雨《文明的碎片》）

（47）b 我等你们等到十一点十六分，也不见你们一个人下来。（生活口语）

（48）b 张艺谋的《英雄》卖音像版权卖到了1780万元。（上海东方卫视"影视资讯"）

（49）b 呵，有意思，接驾接到京城了。（连续剧《康熙王朝》）

在这组重动句中，a类句与b类句从结构形式上看也是一样的，但实际上两类句子中的"到"并不是同一个"到"。

唐翠菊（1999）曾对致使性重动句与非致使性重动句中的"得"作过专门探讨，认为两种重动句中的"得"并不是同一个"得"：致使性重动句中的"得"是由"到"变来的，非致使性重动句中的"得"原来就是"得"。前一个"得"一般用于主谓结构之前，后一个"得"一般用于其他结构之前。而在这组重动句中，a类句中的"到"恰好都可以换为"得"，b类句的却不可以。如：

　　a 说话说得有人厌恶，比起毫无动静来，还是一种幸福。

　　a 你有没有想一个人想得胃痛，吻一个人吻得嘴巴肿？

　　a 如果我在哪个地点被照相的话，那我非打官司打得倾家荡产不可！

　　b* 妹妹，你哥读书读得死也是个秀才，你……

　　b* 藏书藏得一定地步，就会对书的整体形式重视起来……

　　b* 我等你们等得十一点十六分，也不见你们一个人下来。

　　b* 张艺谋的《英雄》卖音像版权卖得了 1780 万元。

　　b* 呵，有意思，接驾接得京城了。

　　对此我们以为，a 类句中的"到"也许正是作为"得"来源之一的那个"到"，所以才可以换为"得"。而 b 类句中的"到"不能作为"得"的来源，所以不可以换为"得"。可见，事实并非像唐翠菊（1999）所说的那样，致使性重动句不存在"到"短语作补语的形式。

　　除了"到"的不同，该组重动句中 a 类句与 b 类句的另一个最大不同就是：前者的 VO 都引发了新的事件，而且引发的新事件正是 C；而后者的 VO 都没有引发新事件。如：

　　a "有人厌恶"是由"说话"导致的。

　　a "胃痛"是"想一个人"导致的，"嘴巴肿"是"吻一个人"导致的。

　　a "倾家荡产"是"打官司"导致的。

　　在形式上，a 类重动结构都能变换为"C 是（S）VOV 得"格式，b 类不可以。如：

　　a 说话说到有人厌恶 → 有人厌恶是说话说得。（C 是 SVOV 得）

a 想一个人想到胃痛，吻一个人吻到嘴巴肿→胃痛是想一个人想得，嘴巴肿是吻一个人吻得。（C 是 SVOV 得）

a 打官司打到倾家荡产→倾家荡产是打官司打得。（C 是 SVOV 得）

b 你哥读书读到死→*死是你哥读书读得。（C 是 SVOV 得）

b 藏书藏到一定地步→*一定地步是藏书藏得。（C 是 SVOV 得）

b 我等你们等到十一点十六分→*十一点十六分是我等你们等得。（C 是 SVOV 得）

b 张艺谋的《英雄》卖音像版权卖到了1780万元→*1780万元是张艺谋的《英雄》卖音像版权卖得。（C 是 SVOV 得）

b 接驾接到京城了→*到京城了是接驾接得。（C 是 SVOV 得）

⑧补语为数量短语（包括动量、时量补语）的重动句

（50）b 你不知道他们那个破医院，我输液输了两次，竟然收了我20元观察费。（生活口语）

（51）b 对，当时报名报了12个，但是参加考试的只有4个。（生活口语）

（52）b 我老婆等我等了三年，到最后也是这样走的。（某电影）

（53）b 我都吃了，因为我向往这个鱼香肉丝向往了好长时间了。（生活口语）

⑨补语为"补语的可能式"的重动句

（54）b 花束子，你身子骨不经折腾，你也下去吧，再说你在这儿，你父亲说话说不痛快。（连续剧《少年天子》）

（55）b 我也应该配副眼睛，听报告时看字看不清楚。（生活口语）

⑧、⑨这两组重动句中的 VO 都没有引发新的事件，所以 VO 与 C 之间不可能存在致使关系，因此这两种重动句都是非致使性重动句。在形式上，这两种重动结构也都不能变换为"（S）C 是 VOV 得"或"C 是（S）VOV 得"的格式。如：

    b 我输液输了两次

      →＊我两次是输液输得。（SC 是 VOV 得）

      →＊两次是我输液输得。（C 是 SVOV 得）

    b 当时报名报了 12 个

      →＊12 个是报名报得。（C 是 VOV 得）

    b 我老婆等我等了三年

      →＊我老婆三年是等我等得。（SC 是 VOV 得）

      →＊三年是我老婆等我等得。（C 是 SVOV 得）

    b 我向往这个鱼香肉丝向往了好长时间了

      →＊我好长时间了是向往这个鱼香肉丝向往得。（SC 是 VOV 得）

      →＊好长时间了是我向往这个鱼香肉丝向往得。（C 是 SVOV 得）

    b 你父亲说话说不痛快

      →＊你父亲不能痛快是说话说得。（SC 是 VOV 得）

      →＊不能痛快是你父亲说话说得。（C 是 SVOV 得）

    b 看字看不清楚 →＊不能清楚是看字看得。（C 是 VOV 得）

三、小结

以上分析中，我们根据 VO 与 C 之间是否存在致使关系对重动句"致使/非致使"的意义分类作了重新划分。从分析的结果可知，a 类重动句中 VO 与 C 之间在语义上都存在致使关系，因此 a 类重动句都是致使性重动句；相反，b 类重动句中 VO 与 C 之间在语义上不存在致使关系，因此 b 类重动句都是非致使性重动句。唯一例外的是第③组重动句，该类重动句因为其补语成分的省略及其意义的概括性，我们无法判定其补语成分实质的语义内容，也就无法对其进行"致使/非致使"的明确划分。这样，该类重动句究竟是致使性重动句还是非致使性重动句，必须由说话人所要表达的具体意思来决定。

那么，对重动句所作的这种意义分类是否科学和可行呢？

形式和意义相互验证是语法分析中的一个重要原则。对一种分类来说，如果根据某一形式标准划分出的类别能经得起意义上的验证，那么该形式标准是可行的；反之，相同意义类型的成员，若在形式上也能找到相对一致的表现用以区分与之不同的另一意义类型的成员，则这种意义上的划分也是科学的。否则，如果意义上的分类无法找到相对一致的形式表现，或某一形式标准不能经受意义上的检验，则单纯的意义上的分类或根据形式标准所作的分类都是不科学的。

在前面的论述中，我们已经明确了"致使"与"非致使"在意义上的区别与判定，并由此检验了现有形式标准的适用性和可操作性，证实"VO 把 SV′C"这一形式标准在一定范围内是可行的，但对重动句整体来说却并不适用。因为该标准把相当一部分本属于致使性重动句的句子也排斥在了致使性重动句范围之外，总体适用范围不是足够大。对重动句整体而言，该标准还不够科学和严谨。

从我们对重动句的划分来看，我们根据"致使/非致使"的意义标准划分出的两种意义类型的重动句，在形式上各自都表现出了相对一致的语法特点：a 类句（致使性重动句）在句法结构上一般都能变换为"（S）C 是 VOV 得"或"C 是（S）VOV 得"的格式，而 b 类句（非致使性重动句）则都不可以。可见，我们所确定的"致使/非致使"的意义划分标准是可行的。

另外，两类重动句在形式上所表现出来的这种相对一致的语法特点，反过来其实正是"致使/非致使"的一种形式划分标准，即：在句法结构上能变换为"（S）C 是 VOV 得"或"C 是（S）VOV 得"格式的重动句就是致使性重动句，不能变换的则是非致使性重动句。当然，这一标准也不是完美的，因为它对③并不适用。但是语法分析允许少数例外情况的发生，所以并不能简单地因为某一标准无法适用于所有成员而否认它的可行性。只不过承认这种可行性的前提是，不能适用的例外情况必须足够少，否则也会违背分类标准"对内具有普遍性，对外具有区别性"的基本要求。因此，对一种意义分类来说，理想的形式划分标准不是一个绝对的问题，而是一个相对的程度问题，即标准适用的范围越是足够大，例外情况越是足够少，则该标准就越接近理想和完美。同样，对"致使"与"非致使"两种不同意义类型的重动句来说，理想的形式划分标准也是个程度的问题，即我们不可能找到绝对完美的形式标准，而只可能找到尽可能完美的形式标准。

　　总之，尽管"（S）C 是 VOV 得"或"C 是（S）VOV 得"的形式标准也不能适用于所有的重动句，但不能适用的范围极小①，总体上并不影响划分标准的普遍适用性。从这一点来看，该形式标准比现有的形式标准更具可行性和适用性，相对更为完善。

　　综上所述，重动句"致使/非致使"的总体划分情况总结如表 2－1 所示。

表 2－1　重动句的分类情况一览

重动句		
意义类型 结构类型	致使性重动句（a 类句） （VO 与 C 之间存在致使关系）	非致使性重动句（b 类句） （VO 与 C 之间不存在致使关系）
类　别	例　句	例　句
①补语为"得＋VP/AP/NP"	我想你想得快发疯了。 我怕你们等他等得着急。 奶奶烧饭烧得一屋子油烟味。	自己送杯子送得正是时候。 那儿打激素打得最多。

---

① 在所收集的 1020 例重动句中，（三）这种类型的重动句只有 14 例，大约只占 1.4% 的比例。

重动句		
意义类型 结构类型	致使性重动句（a 类句） （VO 与 C 之间存在致使关系）	非致使性重动句（b 类句） （VO 与 C 之间不存在致使关系）
类　别	例　句	例　句
②补语为"得＋小句"	我找你找得腿都直了。	
④补语为零形式	你的小脸煞白，是不是想我想得？	
⑤补语之后另有宾语	我也想家想下了心病。 老太太盼媳妇盼白了头。 探监探出事来了。	传销传进医院。 投胎投错了地方。
⑥补语为 VP、AP 或 NP	老婆想儿子想死了。/她想史大伟想疯了。/刚才吃饭吃了我一身油。	奴才当差当砸了。 你倒水倒多了。
⑦补语为"到"短语	说话说到有人厌恶。 打官司打到倾家荡产。	读书读到死。 接驾接到京城了。 我等你们等到十一点十六分。
⑧补语为数量短语		我输液输了两次。 我老婆等我等了三年。
⑨补语为"补语的可能式"		你父亲说话说不痛快。
相应的形式表现	可以变换为"（S）C 是 VOV 得"或"C 是（S）VOV 得"格式。	不能变换为"（S）C 是 VOV 得"或"C 是（S）VOV 得"格式。
③补语省略或补语为"得＋怎么样"	你看人家上课上得……是吧？ 你开题开得怎么样啊？	

第三章

重动句的量变图式

第一节　重动句与量的关系

特定的句法形式总是要表现特定的语义内容。重动句作为一种特殊的句法形式，它所表现的语义是什么，又是如何表现的，一直以来都备受学界关注。在以往研究中，我们特别注意到，项开喜（1997）指出，汉语的重动句式作为一种特殊的句法手段就是突出强调动作行为表现出来的超常量。同时，张旺熹（2002）也指出，致使性重动结构侧重表现结果的偏离性，它关注的是动作行为从起点到终点（结果产生）的全过程；而描述性重动结构侧重表现动作行为的超常量，它仅仅关注动作行为的起始状态。这些论述都透露出，重动句与量有着密切的关系。

从我们收集的 1020 例重动句①来看，我们初步得出这么一种印象：重动句不仅与量有着密切的关系，而且还隐约地显现出了一种量变的过程，即重动句表现的很可能是一种动态的量。

一、重动结构中"VO"表现的语义范畴

从人的认知经验来看，世界上除了事物外，人们还以某种动作作用于外部世界，人们要吃、穿、住、行等等，于是便有了表示动作的范畴，产生了

---

① 关于例句的收集，可参看第一章"绪论"中"语料来源"部分的说明。

动词。动作又体现物与物之间的关系，如人吃饭、马拉车，如此又形成了各种各样的活动①。由此，如果说一个动词代表的是一种动作范畴，那么这种动作又会因动作的发出者或动作关涉对象的不同而体现为一个个具体不同的活动，如"打"代表的是一种动作，而"打球、打门、打鼓、张三打球、李四打球"等代表的则是一个个具体不同的活动。这种认知经验反映到语言中，在语法结构上表现出明显的象似性，即如果 V 代表一种动作范畴，则"VO"的结构形式表示的往往是一种具体的活动。

重动句的句法格式我们用 VO + VC 来表示，从语义上看，其中的 VO 普遍表现的是一种"活动"（activity）。如：

（1）你是吃东西吃太多了，吃傻了。（电影《卫斯里与蓝血人》）

（2）我当老百姓当错了吗？（连续剧《康熙微服私访记》）

（3）这两天看奥运会看得都黑白颠倒了，时差差得太多了。（生活口语）

（4）我有一阵子特别胖，那条裤子都穿不了了，后来考博考瘦了……（生活口语）

（5）母猫呢，在王宫里捉老鼠捉得真高了兴，咬死的老鼠没法数。（《格林童话》）

"吃东西、当老百姓、看奥运会、考博、捉老鼠"都是一种活动，这些活动共同的特点是：受意志支配，具有能动性，主观上可以控制，是一种典型的活动。根据我们的统计，97.2% 的重动句中的 VO 在语义上表现的都是这种"活动"，而其余 2.8% 的重动句，其中的 VO 表现的则是另一种"活动"。如：

---

① 赵艳芳. 认知语言学概论. 上海：上海外语教育出版社，2001，67.

（6）有几家房子，<u>下雨</u>下塌了。（梁斌《红旗谱》）

（7）怪不得你这么瘦呢，脂肪都<u>出汗</u>出掉了。（生活口语）

（8）这一叫吓得我心里怦怦直跳，<u>出事</u>出怕了都。（连续剧《大宅门》）

（9）这么多年不见，"武松"<u>发福</u>发成这样了。（CCTV - 2《非常6+1》）

（10）他们说杜家坎那儿<u>堵车</u>堵得特别厉害，我就坐了个小公共走了。（生活口语）

从语义上看，"下雨、出汗、出事、发福、堵车"更像是一种自然发生的"现象"，因为它们不受意志支配，具有自动性，主观上不可控。但是，"现象"本身是事物发展、变化所表现出来的外部形态和联系，从认知上看，这种"现象"都属于运动的范畴。运动范畴又分为行为（behavior）和活动（activity）两个次范畴①，很显然，"下雨、出汗、出事、发福、堵车"之类表现的也是一种"活动"。

按照认知语言学的观点，范畴有基本层次范畴（基本范畴）、上义层次范畴（上位范畴）和下义层次范畴（下位范畴）之分②。活动范畴也可以分为上位范畴、基本范畴和下位范畴，如"买、买车、买奥迪"就是三个不同范畴层级的活动。反映到语言层面上，"V"表现的是上位活动范畴，"VO"表现的是基本活动范畴或下位活动范畴。

基本范畴是人们与世界相互作用最直接、最基本的层面，基本范畴事物和动作是与人们有最直接的关系、最经常接触的有单一完形的事物和动作，是最基本的认知单位。重动句中的VO多数表现的都是基本活动范畴，如：

（11）<u>买盐</u>买回来半斤沙子，叫你你怎么想？（电影《关中刀客》）

---

① 崔希亮. 语言理解与认知. 北京：北京语言文化大学出版社，2001，298.

② 王寅. 认知语言学. 上海：上海外语教育出版社，2007，137.

(12) 说话说累了吧？（连续剧《少年天子》）

(13) 他花钱花习惯了，所以我们都叫他"小花"。（生活口语）

(14) 张曼玉减肥减出心脏病来了都。（生活口语）

少数重动句中的 VO 表现的是下位活动范畴，如：

(15) A：我今天太浪费了，剩了好多菜。

B：我都吃了，因为我向往这个鱼香肉丝向往了好长时间了。

（生活口语）

(16) 我上次坐地铁走的，等那个 307 等了 20 分钟都没有一个，我一看都两点了，再坐 320 还不知得几点才到呢，所以我一气之下就坐地铁走了。（生活口语）

(17) 皇上读汉人的书读寂寥了。（连续剧《少年天子》）

二、重动结构中"VC"表现的语义范畴

重动句中的 VC 原本是普通的动补结构，从一般意义上看，补语的作用是对述语进行补充和说明，张旺熹（1999）把这种语义概括为动作行为的功效范畴①。我们以为，功效范畴从更高的层次来看，都可以用量来统括。

李宇明在《汉语量范畴研究》中说过这样一段话：

"量"是人们认知世界、把握世界和表述世界的重要范畴。在人们的认知世界中，事物（包括人、动物）、事件、性状等无不含有"量"的因素。例如：事物含有几何量和数量等因素，事件含有动作量和时间量等因素，性状含有量级等因素。人们把握世界的重要手段之一就是"量"，对于客观的事物、事件、性状等等，人们习惯用"量"来丈量测

---

① 张旺熹．汉语特殊句法的语义研究．北京：北京语言文化大学出版社，1999，第五、六章的相关内容。

算，于是便有了日趋精密的数学和各种测量工具。当代社会更是希望把一切能量化的东西都进行量化处理，在量化的基础上定性。①

从这段话可以看出，"量"是无处不在的，几乎所有的东西我们都可以通过"量"来把握。但是关于"量"，人们首先想到的往往是把它跟事物联系到一起，因为事物可以很容易地"计数"，而对于动作行为，人们很少会把它跟"量"联系到一起。事实上，任何动作行为的执行，都暗含着一定的动作量，动作行为的力度、涉及的范围、活动的幅度、反复的次数和持续的时长等等，反映的都是动作量。张旺熹（1999）把动作行为执行的过程看作动作行为做功的过程，把动作行为执行以后所产生的计量性结果、目标性结果和客观性结果以及社会效应都归属于功效范畴②。按照这种理解，动作行为达到的量与功效之间是有密切联系的。为了说明这种联系，不妨把物理学中"功"的公式列出来，即：

$$W = fs$$

在这个公式中，f 代表力的大小，也即我们常说的力度，而力度又相当于动作行为本身量的大小。s 代表物体在力的方向上通过的距离，在 s 一定的情况下，动作行为本身的量越大，f 就越大，功效 W 也就越大。在这种情况下，动作行为没有量的积累过程。

在 f 一定的情况下，动作行为持续的时间越长，通过的距离 s 就越大，积累的动量就越多，动作行为达到的总量就越大，功效 W 也就越大。在这种情况下，动作行为有一个量的积累过程。

此外，动作行为完整地执行一次，意味着做功一次；动作行为反复多次，则既意味着动量的累加，又意味着功效的累加。

这就是说，反映动作量的动作行为的力度、持续的时长及反复的次数等等，都直接影响到动作行为的功效。功效与动作行为达到的量之间具有一种

---

① 李宇明. 汉语量范畴研究. 武汉：华中师范大学出版社，2000，30.
② 张旺熹. 汉语特殊句法的语义研究. 北京：北京语言文化大学出版社，1999，83.

自然的语义联系：动作行为达到任何一定的量都会相应地产生一定的功效，量不同，功效就不同。比如轻轻地（动作行为的量很小）把杯子放到地上，杯子不会碎（相应的功效）；若用力（动作行为的量很大）一摔，杯子就碎了（相应的功效）。反过来，一定的功效也一定是动作行为达到一定的量才产生的，功效不同，量就不同。所以，通过功效，也可以把握动作量。

李宇明（2000）说过，学术界的不少研究都涉及了动作的强度，但是从动作量角度进行的研究还相当少见①。传统认识习惯于把动作行为反复的次数和持续的时长作为计量动作量的参数，我们以为，对动作量的把握不止要看动作反复的次数（反复量）和持续的时长（持续量），还要看动作的难度、程度、强度（包括力度、范围、幅度等）以及动作执行以后产生的结果、状态或影响等一切外在的形态。也即，一切功效都可以看作是反映动作量的外在形态。对动补结构 VC 来说，C 表面上表示的是动作行为的功效，本质上说明的却是动作行为达到的量。

由此，我们认为重动句中 VC 表现的基本语义范畴是动作行为达到的量。这种量有时表现为动作反复的次数，有时表现为动作持续的时长，有时又表现为动作的强度，还有时是通过动作行为表现出来的状态、带来的影响或结果等来间接反映或显示动作行为达到的量。如：

(18) 我背 GRE 的词汇书背了五十多遍，做 GRE 题目做了十几遍。（俞敏洪）

(19) 夫人伺候老爷伺候这么些年了，也轮到我伺候伺候夫人了。（连续剧《十三格格》）

(20) 外客厅的男客闹酒闹得很厉害。（巴金《春》）

(21) 想什么想得这么出神？（连续剧《半生缘》）

(22) 偏偏雅子爱我爱得无法自拔。（连续剧《粉红女郎》）

---

① 李宇明．汉语量范畴研究．武汉：华中师范大学出版社，2000，63.

（23）张曼玉减肥<u>减出心脏病来了</u>都。（生活口语）

例（18）表现的是动作的反复量，（19）表现的是动作的持续量，（20）表现的是动作的强度，（21）表现的是动作行为的状态，（22）、（23）表现的是动作行为带来的结果，用带有夸张意味的结果来显示动作行为达到的量。

三、重动句表现的基本语义

结合前面对"VO"与"VC"语义范畴的分析，重动句"VO + VC"的结构形式在整体上表现的基本语义是：表现特定活动中动作行为达到的量。但是这种量与一般的量并不同，而是带有自己鲜明的特性，这些特性都是重动句句式本身带来的，主要表现在以下几个方面。

（一）动态性和变化性

项开喜（1997）认为，重动句中 VO 的存在只是为 VC 提供一个常量参照，即 VO 提供的是 VO 这种活动中动作行为自身所暗含的常规结果、常规状态、常规量度，记为 X。而 VC 所表示的是动作行为的实际结果、实际状态、实际量度，记为 X'。也就是说，X'或者大于 X，或者小于 X，不会等于 X。X 是相对静止不变的，X'则处于运动变化过程当中。这一说法透露出，重动句所表现出来的动作行为达到的量是一个动态变化的量，在不同的情况下，这个量会不同。我们赞同这种理解。比如：

（24）考博考上了。
（25）考博考得脾气都变坏了。

"考博"在两个句子中所暗含的规约量是一定的，没有差别；但是，"考上了"所表示的动作行为达到的量，与"考得脾气都变坏了"所表示的动作行为达到的量相比，是不一样的。所以，如果把 VC 所表示的动作行为达到的量看作是最终实际量，则 VO 所表示的动作行为的规约常量就是个初始参照量。与初始参照量的静止不变相比，VC 所代表的最终实际量可以变化到任何一个定量，具有动态变化性。

此外，在对所有的例句进行仔细观察后我们还发现，多数重动句所表现的动作行为的量，都带有明显的量的变化过程。在这种情况下，动作量所表现出来的动态性更为明显。如：

（26）大红妈一边抱怨量布量得胳膊酸，膀子疼，一边……（《送你一块红地毯》）

（27）半小时以前，他喝酒喝得连站都站不稳了。（电影《完美风暴》）

（28）他等觉民回家等得不耐烦了。（巴金《春》）

（29）皇帝，最近是不是又读书读到深夜？（连续剧《孝庄秘史》）

（30）高兴，奴才盼这一天盼了好多年了。（连续剧《康熙王朝》）

这组重动句突出的特点是，动作行为的执行都带有明显的持续或反复过程。如"量布"，一开始是不会"胳膊酸，膀子疼"的，只有随着"量布"这种活动的不断进行，动量逐渐地发生变化，达到一定的量，才会导致"胳膊酸，膀子疼"；同样，从"喝酒"到"站都站不稳了"，从"等觉民"到"不耐烦"，从"读书"到"读到深夜"，从"盼这一天"到"盼了好多年"，其间动量随着动作行为的持续进行而发生的变化也是不言而喻的。在这里，我们不仅看到了动量发生的变化，也看到了动量变化的过程。因此，在这种重动句中，VC 所代表的动作行为达到的量，既有"达"的过程，又有"到"的结果，量的动态性清晰可见。

Tai（1993）曾指出，语言表达形式的重叠对应于概念领域的重叠，动词的重叠表示动作的持续或完成、动作在量上的叠加或重现。动词形式的复现和重叠一样，蕴涵了意义层面上动作的复现或延续。也即，动词形式的复现在一定程度上也蕴涵了意义层面上动量的变化。从这一点来看，重动句

"VO + VC"的句法构造形式具有一定的象似性，因为它在整体上表现的正是一种动作行为的量变意义，具有重叠象似的动因。

原则上讲，任何量变都会有一个变化的过程，但是，受人的自然能力的限制，有些量变的过程我们是看不到或无法看到的，因此，在重动句中，动作行为的量从初始参照量到最终实际量的变化，有的可以看到明显的变化过程，如上述各例；有的则只能看到变化后的结果，看不到变化的过程。如：

（31）怪我，我不知道你回来，做饭做少了。（生活口语）

（32）飞长城飞死了一个人。（《南方周末》，转引刘雪琴 2003）

所以，重动句所表现的动作行为的量，在动态性上并非统一、均质，而是有着强弱的不同。先看表 3 - 1 统计：

表 3 - 1　重动句表现动作行为的量的分布

类别	总数（例）	有明显量变过程（例）	比例
重动句	1020	520	51%
致使性重动句	330	252	77%
非致使性重动句	690	268	39%

根据我们的统计，51%的重动句所表现的动作行为的量，都带有明显的量的变化过程，在这种重动句中，动作行为达到的量动态性最强。对于没有明显量变过程的重动句，因为量的变化过程看不到，动作行为达到的量动态性较弱。

由此可以看出，重动句表义的独特性就在于，它所表现的特定活动中动作行为达到的量，是一个与初始参照量相比，发生变化以后达到的量，因而具有动态变化性。这种动态变化性是重动句句式本身带来的，在能看到量变过程的重动句中表现得最明显。这样，在整个 "VO + VC" 结构中，VO 的存在有两方面的意义：第一，限定 VC 的表述范围，指出所关注和强调的是 VO

这种活动中动作行为达到的量，而不是别的动作行为达到的量。第二，为VC 提供初始量参照，即 VO 自身所暗含的规约常量在结构中与 VC 所代表的实际达到的新量形成对比，突出动作行为达到的最终量的动态性和变化性。从这个意义上看，重动句表现的其实是一种量变的图式。

（二）复杂性

1. 常量与超常量

"量"本来就是一种很复杂的范畴，重动句所突出强调的动作行为达到的量同样也不是单一同质的。从前面的分析知道，重动句突出强调的动作行为的量有时是一种超常量，有时是一种常量。而且，超常量和常量自身的构成也是比较复杂的。

常量与超常量是一对相对概念，在不同的情况下有不同的解释。项开喜（1997）认为，常量与超常量"有时是一对离散性范畴。非此即彼，非彼即此。表现在语言结构中就是肯定与否定的对立。有时它们并不是离散性的，而是一个连续体，作为对立的两极，它们中间往往存在着大量的过渡状态"。这是就二者的关系来说的。

从世界的整体来看，量在不同的范畴中有着不同的内涵和外延。在逻辑范畴中，量没有主、客观之分，常量与超常量的划分单一而明确；在语用范畴中，量有主、客观的分别，常量与超常量的划分复杂而模糊。

从语用范畴来看，量总是在人们反映客观世界的主观认识中存在的，因此，一个量是常量还是超常量，完全由人的主观认识来决定。李宇明（2000）在探讨主观量的来源时提出了两个概念：常态量和异态量。他指出，一定的事物、事件和性状，人们对其量的大小和因量而带来的各种表现以及对事物、事件、性质之间因量而产生的各种联系，一般都有一个常识性的认识。这种常识性的量称为"常态量"。例如，人的正常体温是摄氏三十六度五到三十七度五之间，人所能承受的安全电压是 36 伏，国家规定老年人退休的年龄是 60 岁，星期日是法定休息日等，都是常态量。我们所说的语用范畴中的常量，主要指的就是这种常态量。

此外，事件的发生，动作行为的执行，把握好"度"就能保持常态，否则就会发生异变，那么这种"度"也是一种常量，如练体操时的标准姿势，做买卖的合法渠道以及教学的基本规律等。

但在实际话语中，人的主观认识是千差万别的，因此每个人自己心目中所预期或习见的常规状态也会不尽相同，因此常量也可能是人的特殊认识，与大众或其他人的认识并不一致。比如：

（33）他每天晚上十二点钟就睡觉。

（34）我一顿饭吃两个馒头呢！

一般说来，晚上十二点钟睡觉已经很晚了，但在说话人看来却是早的，也许对他来说，一点钟睡觉才是正常的；同样，一顿饭吃两个馒头也是很平常的事，但在说话人看来，可能一顿吃一个馒头才是正常的。

李宇明（2000）① 指出，"研究语言的量表达，必须考虑说话人的这类特殊认识，把这类特殊的量认识也纳入到常态量的范畴中"。所以，如果把常识性的常态量称为"社会常量"，把说话人特殊的不同于社会常态量的量认识称为"个人常量"，那么常量应该包括社会常量和个人常量。常量之外或与常量不符的量就是"超常量"。体温低于摄氏三十六度五或高于三十七度五，65 岁还不退休，星期日不准休息，这些都是超常量。对例（33）、（34）中的说话人来说，"十二点钟、两个馒头"也是超常量。

这样，在语用范畴中，常量与超常量的区分如下：

语用范畴中的量
- 常量
  - 个人常量：就这些橘子呀，五块钱买三斤还差不多。
  - 社会常量：人的正常呼吸频率是每分钟16次。
- 超常量
  - 个人超常量：输液输了两次他们就收了我20块钱观察费。
  - 社会超常量：110 米栏跑10秒，不可能，除非他是超人。

---

① 李宇明. 汉语量范畴研究. 武汉：华中师范大学出版社，2000，第 113 页.

与社会常量和社会超常量相比，个人常量与个人超常量往往具有强烈的主观性。重动句所突出强调的动作行为达到的量，大多都是这种个人超常量。如：

(35) A：恭喜，你说什么？我们只是在玩弹耳朵。

B：弹耳朵弹到我床上来了？（连续剧《粉红女郎》）

(36) 谁说的，朱朱游泳游得可好了。（生活口语）

(37) 我觉得他们家用油用得太多。（生活口语）

(38) 他也备课，而且备课备得很认真。（生活口语）

在非致使性重动句中，动作行为达到的量有时是常量，有时是超常量。在致使性重动句中，动作行为达到的量都是超常量。

2. 质变性超常量与非质变性超常量

量变引起质变是物质世界的普遍规律，但是并非所有的量变都能引起质变。根据上面对常量和超常量的分析，量变如果只是发生在常量的范围内，量变不会引起质变。如常压下水温的变化，不管水的温度如何改变，只要水温还是在摄氏零度到一百度之间，水就不会变成气体或固体。所以，量变只有达到超常量才会引起质变。

但是，也不是所有的超常量都能引起质变。有些超常量是可以引起质变的，比如：

(39) 黄海涛说，史红宇考 GRE 考得脾气都变坏了。（生活口语）

(40) 别提了，我写论文写得都快跳楼了。（生活口语）

在这里，"考 GRE"和"写论文"中的动作行为"考、写"，达到的量都引起了质变："脾气都变坏了""都快跳楼了"。我们把这种能引起质变的超常量称为质变性超常量。

有些超常量是不能引起质变的，如：

（41）我等你们等到<u>十一点十六分</u>，也不见一个人下来，气死我了。（生活口语）

（42）我看书看到<u>十二点</u>她就嫌晚了，还说台灯反到墙上的光太刺眼。（生活口语）

例（41）是生活中的一个真实语句，实际情况是，按照说话人的习惯，"你们"一般是十一点十分下来叫她的，所以，等到"十一点十六分"，对说话人来说，就是个超常量。但这个超常量没有引起任何质变的发生。同理，（42）中的"十二点"在说话人看来也是个超常量，但也没有引起质变的发生。我们把这种不能引起质变的超常量称为非质变性超常量。

可见，量变达到超常量时会有两种可能：当量变只是达到非质变性超常量，不会引起质变，如例（41）、（42）；当量变达到质变性超常量，则会引起质变，如例（39）、（40）。

这样，量变引起质变的完整图式是：

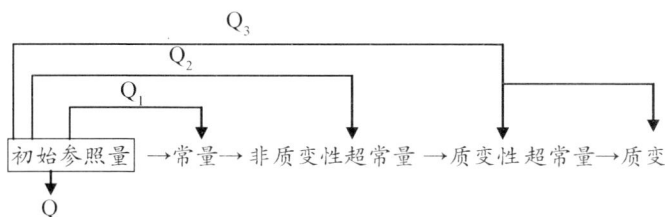

量变总是要从某个初始量开始，在初始量的基础上，经过一个变化的过程逐渐达到不同的量。Q 代表量变发生前的初始量，这个量是静止不变的。Q_1 表示量变仍没超出常量的范围，达到的还是常量；Q_2 表示量变达到了非质变性超常量，量变已经超出常量的范围；Q_3 表示量变达到了质变性超常量，这时，量变会引起质变。

在重动句中，动作行为达到的量有时是常量，有时是非质变性超常量，有时是质变性超常量。这样，从重动句的整体来看，重动句所突出强调的动作行为达到的量，在整体上呈现出的也是一种量变的图式，即：

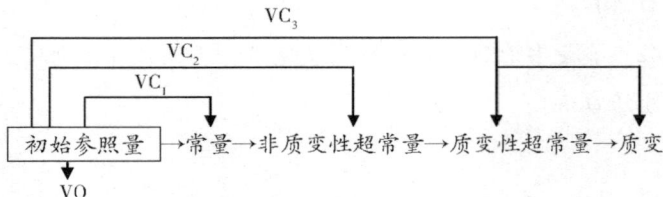

在致使性重动句中，动作行为达到的量都是质变性超常量；在非致使性重动句中，动作行为达到的量有时是非质变性超常量，有时是常量。

（三）小结

综上所述，无论是从重动句单个句子的内部来看，还是从重动句的整体来看，重动句表现的都是一种动态变化的量，这些变化的量从自身看是同一种"量变"，从外部看则是不同的"量变"，重动句在整体上表现的是一种量变的图式。从这个意义上看，重动句表现的基本语义其实是一种"量变"的意义。

四、重动句对量的表达

从人的一般认知经验来看，任何动作行为的执行都要有一个过程并表现出一定的状态或结果，而且动量的大小也直接影响到它所带来的影响或结果：动作行为的量越大，它所带来的影响和结果就越明显；反之，所带来的影响和结果越明显，说明动作行为达到的量就越大。这种经验告诉我们，判定或描述一个动作行为达到了什么样的量，可以从两个不同的角度去观察：第一，把视线放在动作行为的执行过程上，直接描述动作行为执行时表现出来的情状或结果，如"打球打得不错""寄信寄错了地址"。第二，不看过程，通过描述动作行为所带来的影响或结果，间接反映动作行为的量。比如"骑马骑累了""打球打了一身汗"，"累了""一身汗"都可以说明"骑马""打球"这些活动中动作行为所达到的量。

非致使性重动句对量的表达采取的是第一种方式，致使性重动句对量的表达采取的是第二种方式。

第二节　非致使性重动句对量的表达

非致使性重动句在整个重动句中占的比重远远超过致使性重动句，在所收集的 1020 例重动句中，非致使性重动句有 690 例。根据补语成分句法形式的不同，非致使性重动句主要有以下几种类型：

C 为形容词短语：435 例（其中有量变过程的 115 例）
C 为"到 + 时间/处所/程度"补语：101 例（其中有量变过程的 68 例）
C 为数量补语：85 例（其中有量变过程的 78 例）
C 为动词短语：26 例（其中有量变过程的 7 例）
C 为可能补语：36 例
C 为"得 + 怎么样"：5 例
C 为介词短语：2 例

这其中，有 131 例重动句所突出强调的动作行为达到的量都是常量。但是在以往有关重动句的研究中，很少有人去关注这部分重动句，以至于学界普遍认为重动句的功能就在于突出强调动作行为表现出来的超常量或超常性。重动句是一种口语色彩极浓的句子，因而从日常生活口语中收集的重动句最能反映重动句本来的面貌。我们的语料除了极少数转引部分学者使用过的例句，大多都来自现实生活口语。从语料收集的情况来看，12.8% 的重动句所突出强调的动作行为达到的量，都是一种常量。

一、非致使性重动句对常量的表达

根据前面我们对常量的分析和界定，动作行为达到的常量可以通过不同的外在形态和方式来体现。如：

A：动作行为达到的常量表现为一种习见的常规状态或结果。

（43）我的手机充电充<u>满</u>了吧？（生活口语）

（44）你今天打电话打<u>通</u>了吗？（生活口语）

（45）大夫，你把脉把<u>清楚</u>了没有？（连续剧《牛郎织女》）

（46）（接电话）：看什么看<u>明白</u>了？（生活口语）

（47）我们的专家给价格给得<u>一般都比较公正和客观</u>。（CCTV - 2《鉴宝》）

（48）赵老师这样做是对的，你想，你开题开<u>好</u>了，以后轻松啊。（生活口语）

"充电"与"充满"，"打电话"与"打通"，"把脉"与"把清楚"，"看什么"与"看明白"等，它们之间的关系都是对应的，VC 表现的正是 VO 所暗含的一种规约性的结果或状态，这种情况下，动作行为达到的量是一种常量。

B：动作行为达到的量是说话人通过客观报告和说明的方式，用带有"数量"特征的词语直接表达出来的，这些量也都是常量。如：

（49）我呀，先坐 743 坐<u>到广安门北站</u>，然后再倒 309，一直坐到终点站。（生活口语）

（50）小吴今天做仰卧起坐做了<u>40 个</u>，做俯卧撑做了<u>25 个</u>，跑一百跑了<u>15 秒 4</u>，跑一千五跑了<u>6 分多</u>。（生活口语）

（51）A：你的国庆节怎么过的呀？

　　　B：出题出了<u>两天</u>，去天津两天，然后又和我妹妹……（生活
　　　　口语）

（52）对，当时报名报了<u>12 个</u>，但是参加考试的只有 4 个。（生活
口语）

（53）昨天晚上我上闹钟上到<u>六点半</u>，老担心起不来。（生活口语）

（54）这一次可以说打蛇打在<u>七寸</u>上了。（李佩甫《羊的门》）

在这两种重动句中，动作行为达到常量的情况，有的带有明显的量变过
程，如例（43）、例（49）—（51），这样的重动句共 44 例。其量变占据的
是量变引起质变全过程的前段，即：

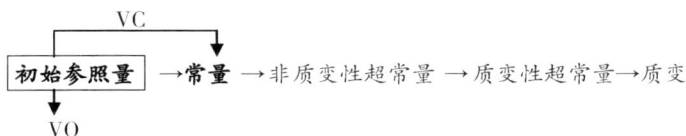

$$
\begin{array}{c}
\text{VC} \\
\boxed{\textit{初始参照量}} \rightarrow \textbf{常量} \rightarrow \text{非质变性超常量} \rightarrow \text{质变性超常量} \rightarrow \text{质变} \\
\text{VO}
\end{array}
$$

有的则看不到量的变化过程，如例（44）—（48）、例（52）—（54），
这样的重动句共 87 例。其量变占据的也是量变引起质变全过程的前段，即：

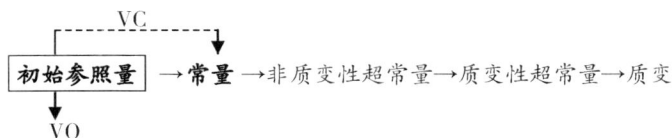

$$
\begin{array}{c}
\text{VC} \\
\boxed{\textit{初始参照量}} \rightarrow \textbf{常量} \rightarrow \text{非质变性超常量} \rightarrow \text{质变性超常量} \rightarrow \text{质变} \\
\text{VO}
\end{array}
$$

图中虚线表示动作行为达到常量没有经过量的变化、积累过程。

二、非致使性重动句对非质变性超常量的表达

（一）非致使性重动句对量变性超常量的表达

所谓量变性超常量，是指通过量的逐渐积累变化而达到超常的量。这种

量主要集中于有量变过程的重动句中。从语料的统计来看，超常量的形成带有明显量变过程的重动句有 478 例，其中 226 例是非致使性重动句。从补语句法成分的形式上看，这些有量变过程的非致使性重动句主要集中在补语是数量短语、"到 + 时间/处所/程度"短语及形容词短语的重动句上。

1. 补语是数量短语的非致使性重动句

补语是数量短语的非致使性重动句一共有 85 例，其中以时量短语和动量短语作补语的重动句普遍都带有明显的量变过程，这样的句子共 78 例（其中 20 例表现的是常量的形成过程，58 例表现的是超常量的形成过程）。如：

（55）我盼望这一天盼望了十几年了，我一定能打败康熙。（连续剧《康熙王朝》）

（56）不行，这脸必须得洗，用电脑用了这么长时间。（生活口语）

（57）A：你不是说《粉红女郎》里面的重动句特别多吗，把他们的剧本找来看看呗。

B：哎呀不想再看了，我看那个电视剧看了好多遍了都。（生活口语）

（58）你说他们那个破医院，输液输了两次，就收了我 20 块钱观察费。（生活口语）

在这些重动句中，我们可以看到明显的动作持续和反复的过程，如"十几年"一直在"盼"的过程，"这么长时间"一直在"用电脑"的过程，以及反复"看那个电视剧"的过程和两次"输液"的过程。随着这种过程的进行，动作行为也在不断地变化和积累，直到最终达到一个实际量。用图式表示这种动量的变化过程即：

初始参照量→动作行为不断执行→动量积累、变化→动量超常→非质变性超常量该类重动句中动作行为达到超常量的过程占据的是量变引起质变全过程的前段。即：

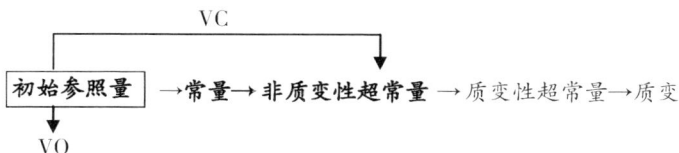

VC

初始参照量 →常量→ 非质变性超常量 → 质变性超常量→质变

VO

2. 补语是"到＋时间/处所/程度"短语的非致使性重动句

补语为"到＋时间/处所/程度"的重动句一共有 101 例，其中 68 例都表现了明显的量变过程（7 例表现的是常量的形成过程，61 例表现的是超常量的形成过程）。如：

（59）皇帝，最近是不是又读书读到深夜？（连续剧《孝庄秘史》）

（60）秀姑他们吃饭吃到半中间，只见刘将军穿着短衣……（张恨水《啼笑因缘》）

（61）骑小驴骑到香山的双清别墅看金鱼，也是难忘的事。（林海音《英子的心》）

（62）呵，有意思，接驾接到京城了。（连续剧《康熙王朝》）

（63）A：你说那柳少爷也真是的，得不到小怜也不用那样啊，弄得最后还死了。

B：可见人家用情用到什么程度啊！（生活口语）

（64）现在很多家长都是爱孩子爱到孩子想要什么就给什么，把孩子给惯得不行。（生活口语）

这组句子集中表现的语义是：动作行为的执行一直达到了某个时间、某个地点、某种程度。如"读书"这个活动一直持续到了"深夜"；"吃饭"这种活动进行到了"半中间"；"骑小驴"这个活动则一直执行到"香山的双清别墅"；"接驾"一直到了"京城"；"爱孩子"的程度一直达到了"孩子想要什么就给什么"的程度。这些活动中，（59）—（62）突显的是动作行为不断执行的过程，（63）和（64）突显的是程度不断加深的过程，两种过程同时都体现了动量不断积累和变化的过程。因此在这种重动句中，量变的过程也是显而易见的。具体表现为：

初始参照量→动作行为不断执行、程度不断加深→动量不断积累、变化→动量超常→非质变性超常量

这一量变过程占据的也是量变引起质变全过程的前段。即：

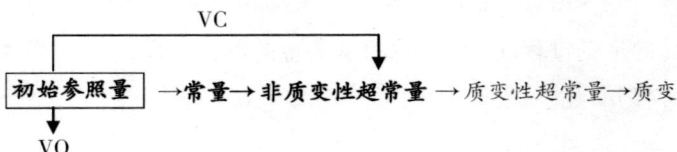

3. 补语是形容词短语的非致使性重动句

形容词短语作补语的非致使性重动句有 435 例，其中只有 115 例表现出了明显的量变过程（17 例表现的是常量的形成过程，98 例表现的是超常量的形成过程）。从补语成分的语义特点上看，这类重动句的补语主要集中在具有［多］、［久］、［高］等语义特征的形容词上，如：

（65）大宝平时说谎说多了，就像那个喊狼来了的小孩子。（连续剧《粉红女郎》）

（66）你是吃小核桃吃多了，怀上小核桃了。（连续剧《少年天子》）

（67）几次请他他都不来，真是当土匪当惯了。（电影《拂晓枪声》）

（68）有的乘客打的打油了，把路程计算得精精确确的。（杨菊芳《新三教九流启示录》）

（69）我们现在都不讨论车的数量多少了，大家最关心的是哪部车最新款，最昂贵，谁的朋友换车换得最勤。（搜狐网新闻）

（70）啊！李咏啊！<u>我等你的电话等得太久了</u>。（CCTV－2《非常6＋1》）

（71）……可是他知道"<u>喝酒喝厚了，赌钱赌薄了</u>"的格言，不便于天天下场。（老舍《四世同堂》）

具有［多］语义特征的形容词主要是"多①、惯、油、勤、频繁"等，这些形容词直接表现了动作行为本身做功的数量，即动作反复的次数多或持续的时间长，如"说多了"就是"说"这个动作做了足够量的功，总是"说"或一直"说"，最后才达到"多"的超常量。同样，动作反复多次，达到足够的量才会达到"油了、惯了、勤、频繁"这种程度的量。补语是［多］形容词短语的重动句共 67 例，［惯/油］形容词短语的 15 例，［勤/频繁］形容词短语的 5 例。

具有［久］语义特征的形容词主要是"久"，表示动作持续的时间很长。动作持续的时间越长，动量积累得就越多，最后达到的总量也就越大。这种重动句共 9 例。

具有［高］语义特征的形容词主要是"高、厚"等，表示的是动作所达到的程度。动作行为的量达到"高、厚"之前都有一个程度的加深过程，这个过程也是动量不断积累的过程。这种重动句共 2 例。

这些句子中，动作行为达到的量都是非质变性超常量，这些量的形成都有明显的量的变化过程，即：

初始参照量→动作行为不断执行、程度不断加深→动量积累、变化→动量超常→非质变性超常量

这一量变过程占据的也是量变引起质变全过程的前段。即：

---

① 表示数量的"多"作补语时有多种理解：多$_1$，表示动作行为量多，如"他来我家来得多"；多$_2$，表示动作行为造成的结果数量多，如"买菜买多了"；多$_3$，两种意思都有，如"吃小核桃吃多了"。此处的"多"包括多$_1$和多$_3$。

VC

$$\boxed{\text{初始参照量}} \longrightarrow 常量 \longrightarrow 非质变性超常量 \longrightarrow 质变性超常量 \longrightarrow 质变$$

VO

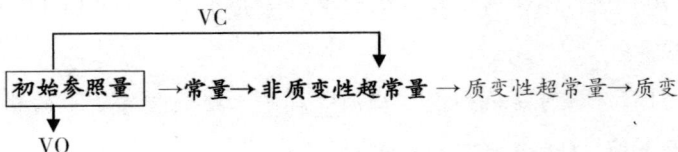

4. 补语是动词短语的非致使性重动句

补语是动词短语的非致使性重动句数量很少，在 690 例非致使性重动句中，这类重动句共有 26 例，其中有 7 例表现出了明显的量的变化过程。如：

（72）下雨下个不停，真是烦死了。（转引刘雪琴 2003）

（73）你是不是学习学过头了，这么晚才来吃饭。（生活口语）

"不停"就是动作的持续，动作持续意味着动量的变化；"学习"要达到"过头了"，没有持续学习的过程也是不可能的，因此，两例中都有一个动作持续和动量变化的过程。即：

初始参照量→动作行为持续→动量积累、变化→动量超常→非质变性超常量

这一量变过程占据的也是量变引起质变全过程的前段。即：

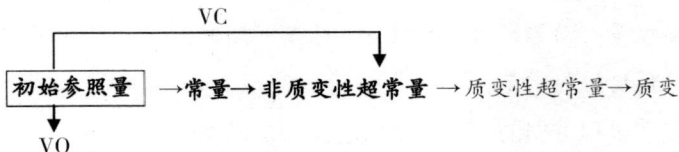

VC

$$\boxed{\text{初始参照量}} \longrightarrow 常量 \longrightarrow 非质变性超常量 \longrightarrow 质变性超常量 \longrightarrow 质变$$

VO

5. 小结

从以上四类重动句的分析可以看出，对有量变过程的非致使性重动句来说，其语义主要集中在数量范畴上，动作行为达到的量集中表现为动作的反

复量和持续量，量的表达简单、直接。此外，在这些重动句中，动作行为的量变因为都带有明显的变化、积累过程，量的动态性较强。

（二）非致使性重动句对非量变性超常量的表达

所谓非量变性超常量，是指没有经过量的积累和变化过程而达到超常的量。这种超常量的形成与动作的持续或反复没有关系，而是与动作行为自身的状况有关。因为量达到超常的具体方式不同，重动句对该类超常量的表达又分为多种不同的情况。

1. 通过强调动作行为的［力度/强度/难度/程度］来表现动作行为的超常量

第一，强调动作行为［力度］的重动句。如：

（74）特别是这个甜蜜素，它超标超得很厉害。（广东卫视《社会纵横》）

（75）不正赶上高考吗，北京这两天堵车堵得不行，还不如坐地铁去呢。（生活口语）

（76）不行，我这几天想吃菜想得要命，今天说什么也得做菜吃。（生活口语）

（77）方瑜，我拿到薪水了！我知道你们这儿肯定缺钱缺得一塌糊涂。（连续剧《情深深，雨濛濛》）

（78）哎呀对不起，下手下重了，不是故意的，不是故意的。（生活口语）

（79）是我让她写的，我求字求得太急了。（连续剧《少年天子》）

（80）哎呀，这个球过网过得非常牵强。（奥运会羽毛球男单1/4决赛现场解说词）

（81）你看看这俩人，打网球打得这么温柔。（生活口语）

这类重动句主要以形容词短语作补语的重动句为主，从补语的构成上看，这类重动句的补语核心词主要是：厉害、不行、要命、一塌糊涂、狠、猛、牵强、利落/干脆、急、重、温柔，等等。按照张旺熹（1999）对功效范畴的分析，具有［厉害］［凶狠］［要命］等义素特征的形容词，都具有［使劲/用力］的语义特征①，因此表现的都是"力度大"的语义，而力度大意味着动作行为的量也大，与常量相比，它们都是超常量。"温柔、牵强"等表现的是"力度小"的语义，这意味着动作行为达到的量也小，与常量相比，这也是一种超常量。在这种重动句中，动作行为的量从初始参照量到超常量的变化，没有量变的过程，其量变的图式为：

初始参照量→动作行为力度大/小→动量大/小→动量超常→非质变性超常量

第二，强调动作行为［强度］的重动句。如：

（82）以后谁想减肥啊，你就让他打听谁家有伺候月子的，那玩意儿拉膘拉得才快呢！（连续剧《青衣》）

（83）他肯定打字打得特别慢，每次发短信都是几个字，后来他干脆就打电话过来了，果然自己承认说他打字打得太慢了，一个一个地发麻烦。（生活口语）

（84）他（裁判）吹中国队吹得太严了。（奥运会男篮小组赛"中国－塞黑"赛后评论）

（85）这两天警察查货查得很紧……（电影《黄金驿站》）

（86）今天对方盯我们的二、三号位盯得很死。（奥运会女排小组赛"中国－古巴"现场解说词）

（87）赵老师打分打得比较宽松，所以他给的分都比较高。（生活口语）

---

① 张旺熹. 汉语特殊句法的语义研究. 北京：北京语言文化大学出版社，1999，88.

这类重动句也是主要以形容词短语作补语的重动句为主，从补语的构成上看，这类重动句的补语核心词主要是：紧、严、死、松、快、慢。

强度是指单位空间或时间中作用力的大小。"紧、严、死、松"都具有［强度］的语义特征，比如"查得很紧"就是在单位时间里"查得多"的意思，"打得比较宽松"就是在单位空间里限制较少的意思。"快/慢"则是说单位时间里动作行为执行得多或少，如"打得太慢"就是单位时间里"打得少"的意思。因此，强度的大小仍然意味着动量的大小。当强度过大或过小，动量就会超常，从而形成超常量。这种量的变化也没有量的积累过程。其量变的图式为：

初始参照量→动作行为强度大/小→动量大/小→动量超常→非质变性超常量

第三，强调动作行为［难度］的重动句。如：

（88）方瑜，<u>我等你这句话等得好不容易啊</u>。（连续剧《情深深雨濛濛》）

（89）文化部分比较难，不过总体来看今年<u>出题出得不难</u>。（生活口语）

（90）<u>我写《东方风来满眼春》写得很顺手</u>，真可谓一气呵成。（《作家文摘》）

（91）<u>我有时讲课讲顺了</u>，就像抽大烟一样，舒服。（生活口语）

（92）A：做论文太痛苦了，真的。

B：不会吧，我看<u>你做硕士论文做得挺轻松的</u>呀。（生活口语）

"好不容易、不难、顺手/顺、轻松"等表现的都是跟［难度］有关的语义，如"好不容易"就是"费劲"的意思，"不难、顺手/顺、轻松"就是"省劲"的意思。张旺熹（1999）说过，"难度"可以看作动作行为做功时力的大小与所得结果之比。动作行为执行的力度大（用力多），而实际得到的结果小（效益少），就是"费劲"，就是"难"①。那么与此相反，动作行为执行的力度小（用力少），而实际得到的结果大（效益多），就应该是"省劲"，就是"不难/容易"。可见，动作行为执行的难度与力度即动量的大小也是密切相关的：难度越大，动作行为达到的量就越大。这类重动句动作行为的量变图式为：

初始参照量→动作行为难度大/小→动量大/小→动量超常→非质变性超常量

第四，强调动作行为达到的［程度］的重动句。如：

（93）其他节目你可以说一件事情说得很深、很透，可是《一路畅通》节目不行，因为它是……（BTV-2《往事在说》，访《一路畅通》节目主持人罗兵）

（94）殊不知便是真风雅这个字，也最容易误人，误人误得还不浅！（《儿女英雄传》，转引刘雪琴2003）

（95）千怪万怪，只怪自己太老实，信人信得实实的。（丁玲《梦珂》）

（96）当初有的学生恨周老师恨得咬牙切齿，但后来都回来感谢他。（生活口语）

（97）"这小家伙，有一次给猫吓个半死，那以后就怕猫怕得什么似的。"玲子笑道。（村上春树《挪威的森林》）

"深/透、浅、实实的、咬牙切齿、什么似的"等表示的都是跟［程度］有关的语义。类似的还有"很、深入、不够、充分、过分、太绝、恩断义绝、天昏地暗、昏天黑地、出血、入骨、惟妙惟肖、很像"等，它们表示的语义也都与［程度］有关。程度与动作行为达到的量之间也是成正比关系

---

① 张旺熹. 汉语特殊句法的语义研究. 北京：北京语言文化大学出版社，1999，93.

的，即程度越深或越高，动作行为达到的量就越多越大。如"说得很深很透"就是比一般的"说"说得更多；"信得实实的"就是比一般的"信"信得更多。因此，这组重动句所表现的动作行为达到的量也是超常量。其量变的图式为：

初始参照量→动作行为程度深/浅→动量大/小→动量超常→非质变性超常量

以上这些重动句中，动作行为因为在"度"上超常而达到超常量，这种超常量的形成都没有经过量的变化过程，只是与初始参照量所代表的规约常量相比，是一种变化的量，从这个意义上看，这也是一种量变。这种量变在量变引起质变的全过程中占据的仍是前段，即：

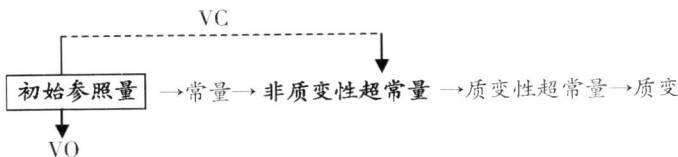

2. 通过强调动作行为产生的超常结果来表现动作行为的超常量

首先，强调动作行为引起的客观性结果。

所谓客观性结果，是指各种因动作行为的执行而产生的不以人的意志为转移的现实结果。这种结果有时是常规的、符合预期的目标性结果，有时则会因为超出常规或偏离目标而形成超常结果。这种超常结果又分以下几种情况。

第一，结果在"数量"上超常。如：

（98）昨天"西单""中友"搞活动搞得特别大。（生活口语）

（99）要说那天出事，还就是因为买菜买多了。（BTV – 7《第七日》）

（100）她们一般不用这种单肩包，这种包背东西背得太少。（生活口语）

（101）妈，你知道我为什么要<u>躲你躲得远远的</u>吗？……（连续剧《半生缘》）

（102）呀，<u>你炮蹶子炮得还挺高</u>呢。（生活口语）

（103）这裙子吧，<u>收裙口收得太窄</u>，所以走起路来很不方便。（生活口语）

（104）他<u>丢车丢了好长时间</u>了。（生活口语）

该组重动句的补语都具有［数量］的语义特征，在这里表现的都是动作行为所带来的结果在［数量］上超出"常规"或偏离"目标"，从而形成超常结果。如［大］类：特别大、比谁都大、小一点、大了、小了；［多］类：半瓶、多了①、少了、太多、太少；［高］类：远、太窄；［时长］类：好长时间。

第二，结果偏离目标而超常。如：

（105）为了给他化妆，给他<u>用摩丝用了半瓶</u>，结果还唱成那样，唉！（生活口语）

（106）哎呀不是这张卡，真是，<u>用卡用得都乱套了</u>。（生活口语）

（107）A：你怎么那么能喝水啊？B：中午<u>吃菜吃咸了</u>。（生活口语）

（108）姐姐，<u>咱们拿伞拿错了</u>（不该带伞出来）。（生活口语）

（109）皇上，<u>奴才当差当砸了</u>，该罚！（连续剧《康熙王朝》）

该组重动句集中表现的是动作行为所造成的结果偏离了目标结果，因而形成超常结果，如：乱套、煳/焦煳、错了、咸了、翻了、砸了。

---

① 此处的"多"指多$_2$。

第三，结果因为"突显性高"或具有"意外性"而超常。如：

（110）什么人<u>打门打得山响</u>？（转引魏扬秀 2001）

（111）<u>烧火烧得太旺</u>，烤出来的烟就会发黑，卖不出好价钱的。（生活口语）

（112）那儿的女人喜欢<u>化妆化得特别浓</u>，还喜欢文眼线，一眼就能认出来。（生活口语）

（113）"就看你有没有本事"，她故意激她，"总不能教苏姑娘<u>放水放得太明显</u>吧。"（转引魏扬秀 2001）

（114）哎呀，<u>倒那个"洁厕灵"倒到我脚上去了</u>。（生活口语）

（115）<u>弹耳朵弹到我床上了</u>？（连续剧《粉红女郎》）

（116）<u>传销传进医院</u>。（《北京晚报》2000 年 9 月 7 日）

例（110）—（113）组重动句集中表现的是动作行为所造成的结果［突显］性高，因而显得"超常"。如"特别响/山响、太艳、太旺、太浓、太明显"等。

例（114）—（116）组重动句集中表现的是动作行为造成的结果具有［意外］性，因而形成"超常"。

第四，结果因"愿而不能"而超常。如：

（117）美国学生发 ü 的时候很困难，<u>撮口撮不出来</u>，这时候你得会引导。（生活口语）

（118）那我那个荞麦的枕头不能捐，<u>我睡别的枕头睡不惯</u>。（电影《家和万事兴》之"双喜临门"）

（119）A：有毒你升升级呗。B：就是<u>升级升不了</u>嘛！（生活口语）

（120）这里这么吵，<u>你写论文写得下去吗</u>？（生活口语）

　　该组重动句的补语都是可能补语，从形式上看大多为否定形式（"V 不 C"结构），如例（117）—（119）；即使是肯定形式，一般也是在疑问句中，其疑问的语气表达的仍是不确定或否定的内容，如例（120）。所以，这类句子集中表现的是一种"愿而不能"的结果，即动作行为没有或无法达到预期目标，因而表现出超常性。

　　以上各组句子分别从［数量］［性质］［可能性］等不同的方面，表现了动作行为所产生的各种不同的超常结果。这些超常结果说明，动作行为的量一定在某种程度上达到了超常。换句话说，重动句强调各种超常结果，实际就是在强调动作行为达到的超常量。这些超常量的形成都没有经过量的变化过程，即：

　　初始参照量→动作行为造成的客观性结果超常→动量超常→非质变性超常量

　　这种量变在量变引起质变的全过程中占据的也是前段，即：

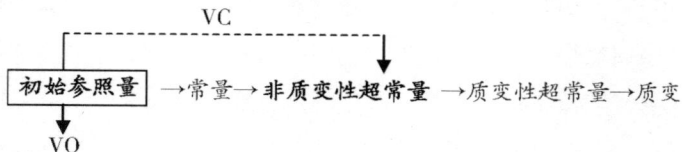

　　其次，强调动作行为引起的社会效应性结果。

　　对动作行为量的把握，有时是可以直接通过"数"来计数的，如动作持续的时长和反复的次数；有时也可以通过"度"来直接描述，如上文所说的力度、强度等。但多数情况下，动作行为究竟达到了一个什么样的量，我们既无法用具体的"数"或"度"来描述，也没有现成的测量工具来精确地计算，这时，我们往往会通过交代动作行为引起的社会效应，来间接地反映动作行为达到的量，如：

　　（121）据说他做研究生网页做得特别好。（生活口语）

（122）好，拐对角线拐得漂亮！（奥运会羽毛球混双决赛"中－英"现场解说词）

（123）难看死了，这两个畜生打架打得难看死了。（余华《活着》）

（124）毛宁有个特色，就是猜人猜得特准。（北京音乐广播"974爱车音乐时间"）

（125）这场比赛澳大利亚队抢篮板抢得不错，充分体现了他们身高的优势。（奥运会女篮决赛"美国－澳大利亚"现场解说词）

（126）A：老祖宗说什么了？

　　　　B：说今年开春开得晚，连花都藏不住了。（连续剧《康熙王朝》）

（127）这事啊，怨你换班换得不是时候。（生活口语）

　　张旺熹（1999）指出，一个动作行为执行以后，必然会在一定范围内产生积极或消极的影响，从而引起人们的社会评价。这种引起社会评价的情形被概括为动作行为产生的社会效应①。同时又指出，一个动作行为所发出的作用力越大，它所造成的影响也就越广。这样看来，动作行为量的大小也会直接影响到它所能引起的社会效应：动作行为的量不一般，引起的社会效应往往会不一般；反过来，一个动作行为引起的社会效应不一般，说明动作行为达到的量也不一般。如"做研究生网页做得特别好"说明"做研究生网页"这一活动中的动作行为"做"所达到的水平不一般，而这种不一般又说明，"做"达到的量是不一般的。类似的，其他以［社会评价］类词或短语充当补语的重动句，也都是通过突出强调动作行为所引起的超常社会效应，来反映动作行为达到的超常量。出现在这部分重动句中的具体词或短语还有：［好］类：不错、好看/漂亮、好听极了、很香、气派、特准；［差］类：不好/差、难看、寒酸；［早晚］类：早/晚、正是时候/很及时、太突然、不

---

①　张旺熹. 汉语特殊句法的语义研究. 北京：北京语言文化大学出版社，1999，83.

是时候；［错］类：错、太不是地方。

这类重动句中动作行为的量变图式为：

初始参照量→动作行为引起的社会效应超常→动量超常→非质变性超常量

这种量变在量变引起质变的全过程中占据的也是前段，即：

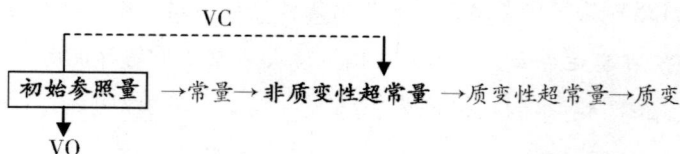

3. 通过强调动作行为执行者的超常表现来表现动作行为的超常量

动作行为执行者的表现也可以反映动作行为达到的量，这又分为以下几种情况。

第一，通过动作行为执行者的"态度"来表现动作行为达到的量。

动作行为执行者的态度有时表现为对某项活动付出精力的多少，如：

（128）他骑车骑得很警觉，既没有撞了过路的老太太，也没有惹恼过警察。（张承志《北方的河》）

（129）他也备课，而且备课备得很认真。（生活口语）

（130）A：她弟弟病了，住在医院，我是责编，就替她守了一夜病房。

　　　　B：做责编做得这么体贴呀？（连续剧《海棠依旧》）

（131）走路走得一不留心，他就会绊住自己的胡子摔跤。（张天翼《大林和小林》）

"警觉、认真、体贴、一不留心"表示的都是动作行为执行者在执行动作时的态度，这种态度体现了动作行为执行者所付出的［精力］的多少，付出的精力越多，动作行为达到的量就越多，如"备课备得很认真"就是说

"备课"这一活动融入了动作行为执行者过多的精力，这使得"备课"这一动作行为所达到的动作量也不再一般。因此，动作行为执行者执行动作的态度也可以反映动作行为达到的量。

有时，动作行为执行者的态度表现为对某项活动的讲究程度，如：

（132）我也就在宿舍洗脸洗得还比较仔细，平时在家哪那么讲究，三两下胡乱一洗就完了。（生活口语）

（133）喝茶喝得再怎么精，怎么好，还不是喝茶？（曹禺《北京人》）

（134）你家吃面条吃得复杂吗？（王朔《我是你爸爸》）

（135）一年吃一袋，那你们俩吃米吃得够省的。（生活口语）

（136）对，我用纸用得特别费。（生活口语）

（137）我用洗面奶用得也挺杂的。（生活口语）

"仔细、精、杂、省、费、复杂"表现的都是动作行为执行者在执行某项动作时的讲究程度，比如"吃面条吃得复杂"就是讲究"吃面条的程序"，"用洗面奶用得挺杂"就是不讲究用什么样的洗面奶，"喝茶喝得精"就是非常讲究与"喝茶"相关的一切事宜，如茶的品种、茶具以及品茶的步骤等等。"讲究"越多，动作行为达到的量就越不一般，所以，这些"讲究"既体现了动作行为执行者的态度，同时也反映了动作行为执行时达到的超常量。

第二，通过动作行为执行者的内在"心理状态"来表现动作行为达到的量。

（138）拿这个奖拿得最满意。（2004香港电影金像奖颁奖典礼获奖者感言）

（139）你怎么胸无大志，当打工仔当得这么踏实呀！（转引魏扬秀

2001）

（140）张老师讲课时还提到了三毛书里的一句话呢，说什么<u>三毛在家做太太做得很放心</u>。（生活口语）

（141）今天<u>吃麻辣烫吃得真过瘾</u>，你觉得呢？（生活口语）

"满意、踏实、放心、过瘾"表示的都是动作行为执行者执行动作时的心理状态，这种心理状态同样表现了动作行为的超常性，这种超常性又暗含了动作量的超常性。所以，动作行为执行者的内在心理状态也可以反映动作行为达到的量。

以上这几类重动句，动作行为的量因为动作行为执行者的表现超常而达到超常，因此超常量的形成都没有经过量的变化、积累过程。其量变的图式为：

初始参照量→动作行为执行者的表现超常→动量超常→非质变性超常量

这种量变在量变引起质变的全过程中占据的也是前段，即：

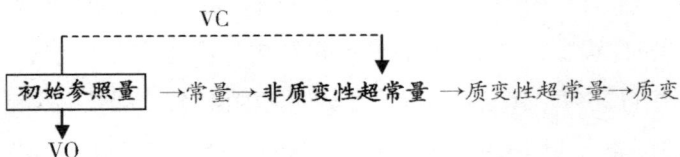

4. 补语是"得 + 怎么样"的重动句

张旺熹（2002）指出，"得 + 怎么样"从语义上讲是一个有待补充的空位，所以这类重动句不具有实质的语义价值，因此可以略而不论。我们以为，该类重动句虽无具体语义，但却概括了重动句补语的整个含义，即"怎么样"概括的是所有补语的具体语义，因为几乎所有的重动句都可以回答"VOV 得怎么样"这样一个问题，从这一点来看，其他重动句中的"VC"都是对"怎么样"语义的具体化。如：

（142）你上课上得怎么样啊？（生活口语）

→上课上得很轻松/上课上烦了/上课上得学生都跑了……

（143）我问问我那同学找工作找得怎么样。（生活口语）

→找工作找得很顺利/找工作找得脸皮越来越厚/找工作找得很辛苦……

（144）她到办公室来找我，问我考博考得怎么样。（生活口语）

→考博考上了/考博考胖了/考博考得脾气都变坏了……

（145）你开题开得怎么样啊？（生活口语）

→开题开完了/开题开得挺好的/开题开得很顺利……

可以说，"VOV 得怎么样"是对所有重动句表现的基本语义的一个概括，即突出强调动作行为达到的量，使动作行为定量化。这种重动句因为在语义上有待补充，所以动作行为的量变可能会占据任何一个量变阶段，即：

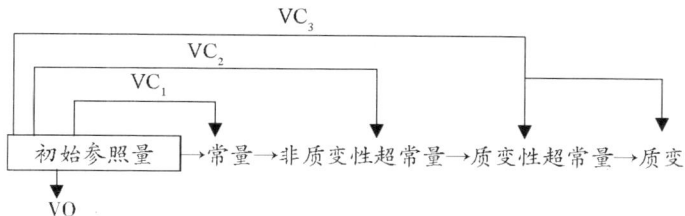

5. 小结

以上各组重动句，分别从动作行为自身的表现（如达到的力度、强度、难度、程度）、动作行为造成的影响和结果（包括客观性结果和社会效应性结果）、动作行为执行者的表现（执行动作时的态度和内在的心理状态）三个方面，间接地反映了动作行为达到的超常量。这些量的形成都没有经过量的变化过程，因此量的动态性较弱。

三、非致使性重动句的量变图式

综上所述，非致使性重动句的语义首先集中在数量范畴上。补语有 [数量]特征的非致使性重动句集中表现的是动作行为的反复量、持续量及所造成的数量特征，用可以计数的"量"直接表现动作行为达到的量。补语是其他意义特征的非致使性重动句，通过交代动作行为执行时的表现，动作行为执行者的表现以及动作行为产生的各种结果，间接地表现了动作行为达到的量。

概括来看，非致使性重动句对量的表达整体情况如下：

与初始参照量相比，动作行为达到的量是常量：

> 有量变过程的：我学汉语学了四年。（留学生口语）
> 无量变过程的：你找人找到了吗？（生活口语）

与初始参照量相比，动作行为达到的量是非质变性超常量：

> 有量变过程的：为了一个喜欢的人，范晓萱吃素吃了一年多。（生活口语）
> 无量变过程的：施肥施得不好，就会影响庄稼生长。（CCTV－7《每日农民》）

这样，不同语义类的非致使性重动句突显的其实是不同的量变阶段，即：

初始参照量→常量

初始参照量→非质变性超常量（无量变过程）

初始参照量→常量→非质变性超常量（有量变过程）

这些量变虽然各自占据的是不同的量变阶段，但从整体上看，它们共同占据的都是量变引起质变全过程的前段，表现的是一种量变的图式。即：

$$\boxed{初始参照量}\rightarrow 常量 \rightarrow 非质变性超常量 \rightarrow 质变性超常量 \rightarrow 质变$$

第三节　致使性重动句对量的表达

致使性重动句突出的语义特点是 VO 与 VC 之间有致使关系，即 VO 所代表的某种活动直接导致了 VC 所代表的某种结果的产生，引起了质变。质变一般是由量变引起的，而且量变只有达到超常量才能引起质变。所以，量变可以引起质变，质变反过来也可以反映量变，致使性重动句对量的表达就是如此，即通过交代质变的事实和结果来间接地表现动作行为达到的量，让事实说话。

但是，量范畴包括很多内容，量达到超常的方式也千差万别，因此，致使性重动句对量的表达也不是单一均质的：对量变性超常量，致使性重动句侧重表现动量不断变化、积累达到超常并引起质变的过程，充分突显了量的动态变化性；对非量变性超常量，致使性重动句侧重表现量达到超常的不同方式以及质变发生的不同特点，突显的是量变的结果而非过程。

在 1020 例重动句中，致使性重动句一共有 330 例，根据补语成分句法形式的不同，致使性重动句主要有以下几种类型：

C 为动词短语：159 例（其中具有量变过程的 108 例）

C 为形容词短语：92 例（其中具有量变过程的 84 例）

C 为零形式：64（其中具有量变过程的 50 例）

C 为"到 + 动词短语"：7 例（其中具有量变过程的 7 例）

C 为名词短语：6 例（其中具有量变过程的 2 例）

C 为介词短语：2 例（其中具有量变过程的 1 例）

这其中，有量变过程的重动句是 252 例，即大约 77% 的致使性重动句所表现的动作行为达到的量，都带有明显的量变过程。

一、致使性重动句对量变性超常量的表达

（一）VO 表示非心理活动的致使性重动句

1. 动量的变化间接引起质变

量变引起质变是客观世界发展的基本规律。在人的认知经验中，物量的

变化引起质变是最常见的量变形式。如：

    （146）今天一定得出去吃饭了，<u>吃面吃得恶心了</u>已经。（生活口语）

    （147）昨晚<u>喝酒喝吐了</u>，没脱衣服就睡了觉，结果半夜冻醒了。
（生活口语）

    （148）那些人真的是要钱不要命，<u>抽血抽得脸色蜡黄</u>，还是继续卖
（血）。（生活口语）

    （149）A：唉！不能再吃了，<u>吃肉吃得都106斤了</u>。（生活口语）

            B：你原来多少斤？

            A：102斤。

    这组重动句中，"恶心了、吐了、脸色蜡黄、都106斤了"这些结果的产生，是因为VO的执行超量而导致的，而直接导致这种结果的又是其中的O。O本来是个常量，但随着动作行为的不断执行，O的数量也在不断地发生变化，当量变达到超常量时，就会引起质变。如"恶心了"是因为吃的"面"太多，而"面"多是因为"吃"得多；同样，"吐了"是因为"酒"太多，而"酒"多是因为"喝"得多。这种连环式的致使关系即：质变是由物量的变化引起的，而物量的变化又是由动量的变化引起的，所以，动量的变化和超常间接引起了质变。用图式表现这种关系即：

    初始参照量→动作行为超量执行→动量变化→动量增加→动量超常→物量超常→质变性超常量→引起质变。

    这一量变过程占据的是量变引起质变的全过程，即：

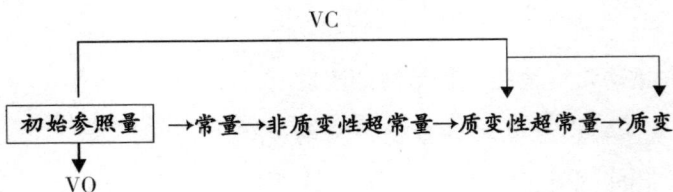

在 330 例致使性重动句中，这种重动句有 19 例。

2. 动量的变化直接引起动作行为执行者自身发生变化

根据李宇明（2000）对量范畴的解释，事物、事件、性状等都含有"量"的因素，因此，量不同，"量变"的形式就不止一种。但是，人们总是习惯于把"量变"与"物量的变化"联系到一起，而很少考虑到"动量的变化"也是一种"量变"。事实上，动量的变化直接引起质变的情况在现实生活中随处可见。如"练字练得手发酸"，"手发酸"是因为"练字"的"量"超常，而这个"量"，正是"动量"。对动量来说，这种质变形式是动量变化引起质变的最基本形式。

第一，动量的超常直接引起动作行为执行者机体的物理性变化。

（150）据说他的两只手挖土挖得指甲全都掀掉了。（转引张旺熹 2001）

（151）你看你，开车门开得手都起这么多茧。（连续剧《粉红女郎》）

（152）你看你，接电话接得这块儿都红了。跟谁那么能说啊？（生活口语）

这组重动句的共同特点是，也有一个明显的量变过程，但不是物量即事物数量的变化，而是动量的变化。动作行为的不断执行不会使 O 的数量发生变化，但动作行为自身的动量会越来越多，当这些动量不断积累变化并达到超常时，就会引起质变。如"挖土"，随着"挖"这一动作行为的不断执行，"挖"的动量也会不断变化、积累，当动量的变化达到超常量时，就会导致"指甲"发生变化，如"指甲全都掀掉了"。同样，随着"开车门、接电话"等活动的超量执行，动量也会逐渐变化达到超常，从而导致"手都起这么多茧、这块儿都红了"等结果的产生。动量变化引起的这种机体局部的物理性变化，是动量变化引起质变的最基本、最直接的形式。

这类重动句中量的变化过程是：

初始参照量→动作行为超量执行→动量增加→动量超常→质变性超常量
→引起动作行为执行者机体的物理性变化。

这一量变过程占据的也是量变引起质变的全过程，即：

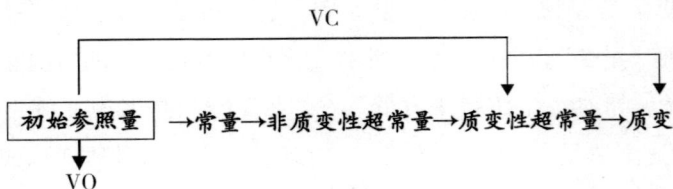

VC

初始参照量 →常量→非质变性超常量→质变性超常量→质变

VO

在 330 例致使性重动句中，这种重动句有 6 例。

第二，动量的超常直接引起动作行为执行者生理感受上的变化。

（153）呀，<u>递简历递得我胳膊疼</u>。（生活口语）

（154）唉，<u>做题做得我头昏脑涨的</u>，我要回去睡觉了。（生活口语）

（155）陶哥，<u>我等你等得肚子又饿了</u>。（连续剧《恩情》）

（156）我是看小萍<u>追男人追得太辛苦了</u>……（连续剧《粉红女郎》

（157）这儿给你放个躺椅，<u>等你写字写累了</u>，往上一坐，还能晒晒太阳。（《一声叹息》）

（158）<u>晕车晕得我一点力气都没了</u>。（生活口语）

例（153）—（155）中，动量随着动作行为的超量执行，不断变化、积累并达到超常，直接引起动作行为执行者机体局部的生理感受变化，如"递简历"太多了，直接导致"胳膊疼"；"做题"太多了，直接导致"头晕脑胀"；"等你"的时间太长了，直接导致"肚子饿了"。例（156）—（158）中，动量的超常直接导致的是动作行为执行者机体整体上的生理感受，如"太辛苦了、累了、一点力气都没了"等。这种形式的质变也是动量变化引起质变的基本形式之一。其量变的过程为：

初始参照量→动作行为超量执行→动量增加→动量超常→质变性超常量
→引起动作行为执行者生理感受上的变化。

这一量变过程占据的也是量变引起质变的全过程，即：

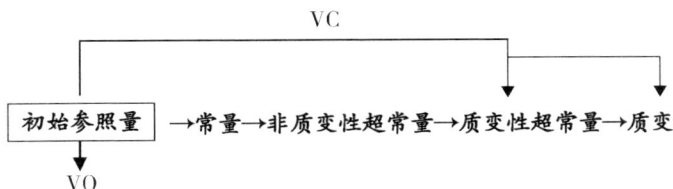

VC

初始参照量 →常量→非质变性超常量→质变性超常量→质变

VO

在 330 例致使性重动句中，这种语义类的重动句有 53 例，其补语核心多是具有［累］语义特征的词语，如"酸、疼、晕、苦、累、辛苦"等。

第三，动量的超常直接引起动作行为执行者心理感受上的变化。

（159）这一叫吓得我心里怦怦直跳，出事出怕了都。（连续剧《大宅门》）

（160）昨天晚上整理照片整理得我惆怅得不行。（生活口语）

（161）我怕你们等他等得着急，所以来告诉你们一声。（刘心武《醒来吧，弟弟》）

（162）A：你没睡啊？
　　　　B：刚才说话说得兴奋了，睡不着了。（生活口语）

（163）芝滨摘花摘厌了，跑来要母亲讲老祖宗安家的故事。（周楞庸《长相思》）

（164）那一阵我下棋下得上瘾，睡觉闭眼时满天围棋子。（洪峰《初恋》）

（165）1987 年春以来，在护理瘫痪妻子的情况下玩语言学玩出味道来，苦也觉得甜了。（马庆株《〈著名中年语言学家自选集·马庆株卷〉跋》）

该组重动句共同的特点是，动作行为的量也经过了一个变化、积累的过程并最终达到超常量，这个超常量直接引起动作行为执行者心理感受上的变化，如"怕了、惆怅得不行、着急、兴奋了、厌了、上瘾、玩出味道来"。这些感受都是因为动量的超常新产生的，是心理感受从正常状态到另一种超常状态的变化。这种变化反过来反映了动量的变化。动量的变化过程是：

初始参照量→动作行为超量执行→动量增加→动量超常→质变性超常量→引起动作行为执行者心理感受上的变化。

这一量变过程占据的也是量变引起质变的全过程，即：

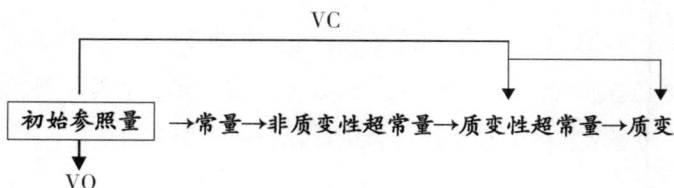

在 330 例致使性重动句中，这种语义类的重动句有 43 例，其补语核心多是具有［怕］［急］［烦］［上瘾］等语义特征的词或短语，如［怕］类：怕；［急］类：着急、急、心焦；［烦］类：厌烦、不耐烦、烦、糟糕、惆怅、寂寥；［上瘾］类：上瘾、兴奋、情绪激昂、出味道、出感情、高兴、愉快等。

第四，动量的超常直接影响动作行为执行者自身行为的变化。

（166）我昨晚写《秋》写哭了。（巴金《秋》）

（167）她忙出国忙得顾不上回家。（转引张旺熹 2002）

（168）A：你们老师挺好的啊，不论什么文章都统一要求格式。

　　　　B：他那是做编辑做得。（生活口语）

（169）你们可真行啊，盯朕盯得都跑到这种地方来了。（连续剧《康熙王朝》）

　　该组重动句中动量达到超常也经过了一个量的变化、积累过程，这里的超常量直接引起了动作行为执行者自身行为的改变，如从"写秋"到"哭了"，从"忙出国"到"顾不上回家"，从"做编辑"到养成"不论什么文章都统一要求格式"的行为习惯等。这些行为的改变只有动作行为的量达到一定程度才可能发生，所以，动量的变化在这里依然清晰可见。其量变过程为：

　　初始参照量→动作行为超量执行→动量增加→动量超常→质变性超常量→引起动作行为执行者行为的改变。

　　这一量变过程占据的也是量变引起质变的全过程，即：

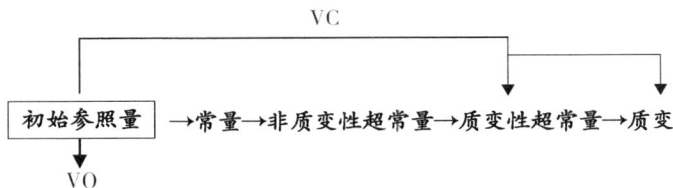

　　在 330 例致使性重动句中，这种语义类的重动句有 9 例。

　　第五，动量的超常直接引起动作行为执行者自身其他状况的变化。

　　（170）黄海涛说，史红宇考 GRE 考得脾气都变坏了。（生活口语）

　　（171）你做论文做胖了？（生活口语）

　　（172）读研究生读得这么懒散，去公司一下子肯定适应不了紧张的气氛。（生活口语）

　　（173）A：真是的，现在说话都不会说了。

　　　　　　B：都读书读傻了。（生活口语）

　　（174）"加班加晕了。"小虫自嘲地笑笑，把手中的兔子扔回去。（张欣《首席》）

　　该组重动句中动量的超常也经过了量的变化、积累过程，但动量在这种情况下的超常直接引起的是动作行为执行者自身状况的变化，如"脾气变坏了、胖了、这么懒散、傻了、晕了"。动量在这种重动句中表现的量变过程为：

初始参照量→动作行为超量执行→动量增加→动量超常→质变性超常量→引起动作行为执行者自身状况的改变。

这一量变过程占据的也是量变引起质变的全过程，即：

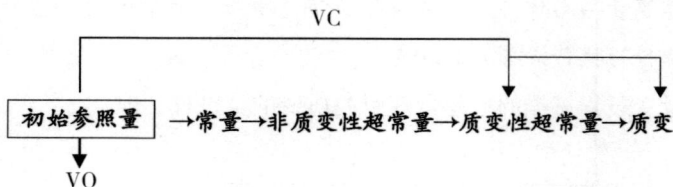

$$VC$$

初始参照量 →常量→非质变性超常量→质变性超常量→质变

VO

在 330 例致使性重动句中，这种语义类的重动句有 35 例。

3. 动量的变化给其他人或物带来影响或变化

动量的变化除了直接影响动作行为执行者自身，还会影响其他相关的人或物，引起他们各种各样的反应或变化。如：

（175）发票抽奖抽得偷税者心发慌。（《羊城晚报》1999 年 5 月 17 日，转引赵新 2002）

（176）说话说到有人厌恶，比起毫无动静来，还是一种幸福。（鲁迅《坟》）

（177）昨晚你打呼噜打得我一夜都没睡好。（生活口语）

（178）外边闹水痘闹得人心惶惶，婚事只好简单一些，委屈你了。（连续剧《少年天子》）

（179）真是的，咱们现在借钱借得人家都烦了。（中央电台广播剧《马克思的一天》）

（180）A：灶台怎么这么脏啊？

B：开窗子开得吧？（生活口语）

（181）盂老板笑道："打仗打得乡下人不能进城，新鲜菜不容易找，要吃酸腌菜，倒还可以给你炒一碟子。"（张恨水《太平花》）

在这组重动句中，动作行为的量随着 VO 所代表的某种具体活动的超量执行，不断变化、积累并达到超常，最终直接影响了动作行为执行者之外的其他相关人或物。如"你打呼噜"，因为"打"的时间太长（动量多）或"打"的声音太大（动量大），使得"我一夜没睡好"；总是"借钱"会使得"人家都烦了"；连绵不断的"打仗"也会使得"乡下人不能进城"，等等。总之，动作行为所引起的其他人或物的这些超常反应都说明，动作行为达到的量在 VO 这种具体的活动中是超常的。这种量变的过程是：

初始参照量→动作行为超量执行→动量增加→动量超常→质变性超常量→引起其他人或物的反应和变化。

这一量变过程占据的也是量变引起质变的全过程，即：

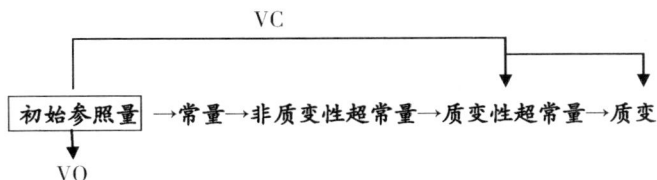

在 330 例致使性重动句中，这种语义类的重动句有 27 例。

4. 动量的变化使活动自身产生某种客观性结果

（182）种果菜种出一个上市公司。（《羊城晚报》1999 年 10 月 28日，转引赵新 2002）

（183）他这病呀，是劳心劳得。（转引魏扬秀 2001）

（184）我现在是看论文看得有点感想了，所以对语言表述中的问题很敏感。（生活口语）

（185）他抓扒手抓出了名气，一些扒手对他简直到了望而生畏的地

步。(转引张旺熹 2002)

这类重动句共同的特点是，随着 VO 长时间或多次、反复地进行，动作行为的量不断变化、积累，最终导致活动自身产生一种客观性结果，这种结果不是对动作行为执行者或其他人、物的影响或改变，而是来自活动，属于活动自身。如"写论文写了 20 万字"与"写论文写得满脸是痘痘"，前者"20 万字"是"写论文"这一活动自身的结果，而"满脸是痘痘"则是"写论文"引起的活动之外的一种结果。在这组句子中，"上市公司、病、感想、名气"都是活动自身的一种结果，这种结果的产生是由动量的超常导致的。在这种重动句中，动量也有明显的变化过程。即：

　　初始参照量→动作行为超量执行→动量增加→动量超常→质变性超常量→导致活动自身产生某种客观性结果。

这一量变过程占据的也是量变引起质变的全过程，即：

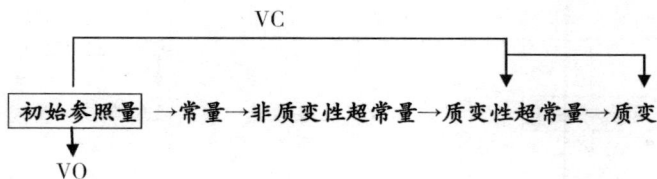

在 330 例致使性重动句中，这种语义类的重动句有 19 例。

（二）VO 表示心理活动的致使性重动句

与外在的具体"动作行为"相比，"心理活动"是一种更为抽象的内在的动作行为，其"动作性"相对较弱。因此，表示"心理活动"的致使性重动句所突出强调的动作行为的量变过程，大都表现为一种"程度"的加深过程。如：

（186）你是不是想男人想疯了？连这种男人也碰。（连续剧《粉红女郎》）

（187）偏偏雅子爱我爱得无法自拔。（连续剧《粉红女郎》）

（188）很多女性甚至迷他（普京）迷得颠三倒四的。（中央人民广播电台《晚报浏览》）

（189）人家恨你恨得连牙根都咬碎了。（电影《一声叹息》）

（190）王征俊盼奥迪车盼得眼珠子都蓝了，马上拿来了 18 万元人民币，迫不及待地说："走，今晚就走！"（孙晶岩《走进神秘的女子监狱》）

在这组句子中，"疯了、连牙根都咬碎了、眼珠子都蓝了"等结果的形成，都是因为"想、爱、迷、恨、盼"等这些心理活动的超量执行而导致的，如"疯了"是因为"想"的程度不断加深并达到超常而导致的，"无法自拔"是因为"爱"的程度不断加深并达到超常而导致的。这类重动句中量的变化过程表现为：

初始参照量→表示心理活动的动作行为超量执行→程度加深→动量超常
→质变性超常量→引起质变。

这一量变过程占据的也是量变引起质变的全过程，即：

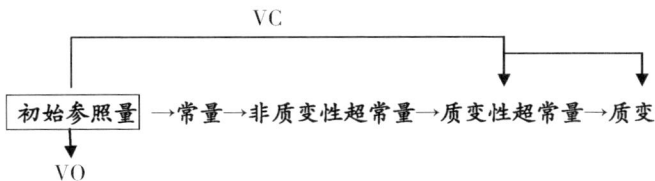

在 330 例致使性重动句中，这种语义类的重动句有 41 例。

（三）小结

以上几类致使性重动句，VC 所代表的某种结果的形成，都有一个共同的特点，即都是由量变引起的，结果的形成都以动作的持续、反复或程度的不断加深为前提。如"芝滨摘花摘厌了"，"摘"一下是不会"厌了"的，只有"摘"多了才可能"厌了"，也即，"厌了"必须以"摘"的持续或反复执行为前提，否则不会产生"厌了"这种结果。这样，在这些重动句中，超常量的形成都是动量不断变化和积累的结果，因此量的变化过程非常明显，量的动态性也最强。

二、致使性重动句对非量变性超常量的表达

动作行为的持续或反复执行会导致动量的超常，从而引起质变，这是量变引起质变最基本的形式，致使性重动句对量变性超常量的表达就属于这种情况。但有时候，正如我们前面所说，动量的超常与动作行为的持续或反复并没有任何关系，而是直接与动作行为执行时的具体情况有关，比如失误、巧合、力度大或动作行为关涉对象的特殊性等。动作行为自身的这些超常情况可能只是导致动量的超常而不会引起质变的发生，即达到非质变性超常量，也可能会导致某种意外结果的产生，即达到质变性超常量。致使性重动句对非量变性超常量的表达，正是通过交代这种因动作行为自身的超常而导致的超常结果，来表现动作行为达到的超常量。

（一）动作行为的执行因为失误或没把握好"度"导致动量超常

动量的不断积累可以导致动量的超常，这是动量达到超常的基本形式。此外，动作行为的执行因为失误或没把握好"度"，也可以导致动量超常。如：

（191）钉箱子钉着手指头了。（转引张旺熹2001）

（192）娟，你手怎么了（手破了）？是不是切菜切得？（连续剧《大姐》）

（193）哎哟妈哎，喂鸡喂成这样，真绝。（北京交通广播《欢乐正前方》）

（194）倒车倒出错误，引出车祸一连串。（《京华时报》2004年11月21日）

（195）你看你，刷牙刷得到处是水。（生活口语）

（196）<u>奶奶烧饭烧得一屋子油烟味</u>。（转引张旺熹 2002）

（197）<u>吃饭吃了我一身油</u>。（生活口语）

在这组句子中，VC 所代表的事实结果的产生，都是因为动作行为的执行失误或没把握好"度"而导致的，如"钉箱子"，之所以"钉着手指头了"，很可能是因为"钉"的时候不小心或把握的角度不够好；"手破了"也是因为"切菜"不小心或其他失误等导致的。总之，超常结果的出现是由动作行为自身的超常导致的，而动作行为自身的超常又意味着动量的超常，因此在这类重动句中，动量达到超常的方式为：

初始参照量→动作行为执行失误或没把握好"度"→动量超常→质变性超常量→引起质变。

这一量变没有经过量的变化、积累过程，因而占据的是量变引起质变全过程的后段，即：

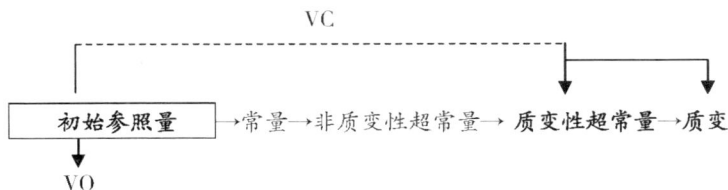

在 330 例致使性重动句中，这种语义类的重动句有 28 例。

（二）两可性原因导致动量超常

量变引起质变的形式是多种多样的，表现在语言形式中，有时它们会交叉在一起而无法辨别。如：

（198）刻图章刻坏了一把刀。（转引张旺熹 2002）

（199）耪地耪断了锄把。（同上）

（200）劈柴劈坏了两把斧头。（同上）

这类重动句的特点是，补语所代表的质变结果，可能是因为动作行为自身失误或没把握好"度"而导致的，也可能是因为随着动作行为的持续或反复执行，动量经过不断变化、积累达到超常量而导致的。如"刻坏了一把刀"，该结果的形成可能是因为刻图章时用力太大或操作不当造成的，也可能是因为"刻图章"的时间太长而使动量积累达到了超常量而导致的；同理，"耪地、劈柴"也都会有这两种可能。也即，这种重动句所突出强调的动作行为的量，有可能是量变性超常量，也有可能是非量变性超常量。

所以，这种重动句中的量变有两种可能的形式：

A：初始参照量→动作行为持续或反复执行→动量变化、积累→动量超常→质变性超常量→引起质变。

B：初始参照量→动作行为执行失误或没把握好"度"→动量超常→质变性超常量→引起质变。

如果是 A 种情况，量变占据的是量变引起质变的全过程，即：

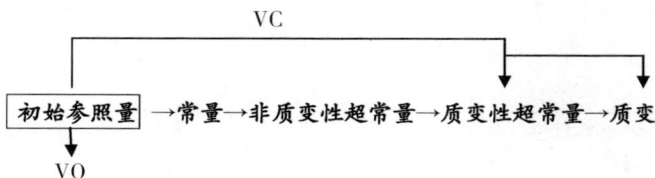

VC

初始参照量 →常量→非质变性超常量→质变性超常量→质变

VO

如果是 B 种情况，量变占据的是量变引起质变全过程的后段，即：

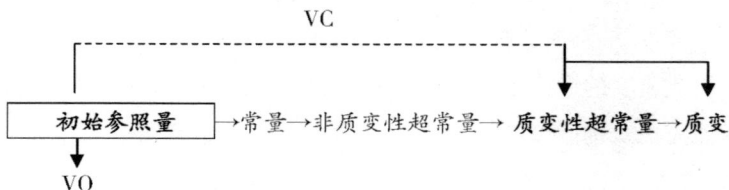

VC

初始参照量 →常量→非质变性超常量→ 质变性超常量→质变

VO

在 330 例致使性重动句中，这种语义类的重动句有 8 例。

（三）动作行为的执行因为意外、巧合等偶然性因素导致动量超常

动作行为的执行因为失误而导致动量超常并带来超常结果，这是普遍规

律。但是，有时即便动作行为的执行没有失误，也可能会因为意外、巧合等偶然性因素的影响，直接导致动作行为的超常，从而引起质变。如：

第一，意外性因素使动作行为的执行带来意外性超常结果。

（201）买盐买回来半斤沙子，叫你你怎么想？（电影《关中刀客》）

（202）验血验出了一桩痛苦心思。（转引张旺熹 2001）

（203）嗑瓜子嗑出个臭虫，这叫人吗？（李佩甫《羊的门》）

（204）摸奖摸到轿车，喜出望外；领奖领出麻烦，对簿公堂。（《宁波日报》1998 年 3 月 10 日）

（205）塞塞姑娘，你看，这送衣服送出气来了怎么？（连续剧《康熙微服私访记》）

在这组重动句中，VC 所代表的事实的出现，对 VO 所代表的活动来说，都是一种意想不到的结果，即结果的产生纯属意外或巧合。在语义上，VO 与 VC 之间是一种偶然性的致使关系。表现在句法结构上，这类重动句中的 VC 大多是"动 + 出/到 + 宾语"的形式。

第二，O 自身的特殊性质使动作行为的执行带来其他超常结果。

（206）中午喝了点醋喝得胃难受，鱼刺也没化，唉！（生活口语）

（207）我今天喝那个（橙汁）喝得受凉了。（生活口语）

（208）A：你怎么现在就刷牙了？

　　　　B：刚才吃鱿鱼丝吃得嘴里腥乎乎的。（生活口语）

（209）A：哎呀郭郭，你的脸今天怎么那么白啊？

　　　　B：是吗？我没抹什么特别的东西啊，可能是戴这个围巾戴得吧，这个围巾的颜色比较衬肤色。（生活口语）

与第一组的情况不同，该组重动句中动作行为带来的结果虽也是一种超常结果，但"意外性"较弱，因为超常结果的形成在很大程度上是由 O 自身的特殊性质造成的。

超常结果的出现意味着动量的超常，因此超常结果形成的原因也就是动量超常的原因。就这种语义类型的重动句来看，动量的超常由意外或巧合等偶然性因素导致，同时通过结果的超常性得以表现。

另外，在这类重动句中，VC 这一质变事实的产生与 VO 中动作行为的持续、反复或对"度"的把握无关，如"买回来半斤沙子"既不是因为"买盐"的时间长因而动量积累、变大而导致，也不是因为买盐时没把握好"度"而引起，而是直接以一种意外的形式偶然出现的。这样，该类重动句中的超常量在很大程度上表现为事件结果的超常性，其超常量的形成方式为：

初始参照量→动作行为执行过程中出现意外、巧合等偶然性因素→动量超常→质变性超常量→引起质变。

该量变占据的也是量变引起质变全过程的后段，即：

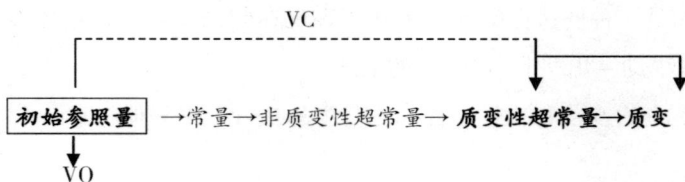

$$VC$$

初始参照量 →常量→非质变性超常量→ **质变性超常量→质变**

VO

在 330 例致使性重动句中，这种语义类的重动句有 27 例。

（四）动作行为达到的"度"超常导致动量超常

在前面分析（非致使性重动句对非量变性超常量的表达）中，我们曾提到力度、难度、强度、程度等与动量密切相关的因素。这些"度"是否超常以及超常的程度如何，都直接影响到动作行为的量："度"超常，动量就超常。动量可能只是达到非质变性超常量（如在非致使性重动句中的表现），也可能达到质变性超常量。如：

（210）丢人丢得我都臊得慌。（连续剧《长空铸剑》）

（211）老汉抽烟抽得烟锅吱吱响。（转引张旺熹 2002）

（212）你看那个小孩喝水喝得……（小嘴嘟嘟的）。（生活口语）

（213）你看看你看看，我的电脑死机死得……（屏幕画面动不了）。（生活口语）

（214）哎呀我也喜欢吃这个东西，你不知道我有一阵子迷它迷得呀……（生活口语）

在这类重动句中，VO 所代表的某种具体的活动，因为动作行为执行的"度"超常，导致动量达到质变性超常量，从而引起质变。如"我都臊得慌"一定是因为某某"丢人"达到的程度不一般，否则不会连"我"都受到影响；"烟锅吱吱响"一定是因为"抽烟"的力度不一般，否则"烟锅"不会发出这种声响。其他几例也都类似。

该类重动句所突出强调的动作行为的量，虽然都由"度"的超常引起，却并不通过"度"直接来表现，而是通过引起的超常结果间接来表现。所以，这类重动句中的量变过程是：

初始参照量→动作行为达到的"度"超常→动量超常→质变性超常量→引起质变。

该量变占据的也是量变引起质变全过程的后段，即：

在 330 例致使性重动句中，这种语义类的重动句有 15 例。

三、致使性重动句的量变图式

根据以上分析，在致使性重动句中，动作行为的量不仅达到了超常，而且引起了质变，因此，致使性重动句所突出强调的动作行为的量都是质变性超常量。但是，动量达到超常的方式并不相同：有的超常量是通过量的逐渐变化和积累而形成的，这种量变具有明显的量变过程，因而突显的是量变引起质变的全过程。即：

初始参照量 →常量→非质变性超常量→质变性超常量→质变

有的超常量不是通过量的变化和积累而形成的，而是因为各种各样的非量变性因素（如动作行为执行失误、动作行为达到的"度"超常以及意外、巧合等偶然性因素），由初始参照量突变为超常量。这种量变没有明显的量变过程，因而突显的是量变引起质变全过程的后段。即：

初始参照量 →质变性超常量→质变

这样，不同语义类的致使性重动句各自突显的是不同的量变阶段，但从整体来看，它们共同表现的是一种完整的量变图式。即：

初始参照量 →常量→非质变性超常量→质变性超常量→质变

第四节 重动句的量变图式

一、重动句表量的特点

通过以上分析可以看出，不管是致使性重动句还是非致使性重动句，它们都与量有着密切的关系，而且从对量的表达来看，各自都呈现出一定的特点。

首先，从所表现的量的性质来看，重动句所突出强调的动作行为的量不是静态均质的，而是动态变化的。在非致使性重动句中，这些量有时是常量，有时是超常量，量的动态性相对较弱；在致使性重动句中，这些量都是超常量，量的动态性相对较强。

其次，从表达方式上看，非致使性重动句对量的表达更为直接和主观，致使性重动句对量的表达则相对间接和客观。在非致使性重动句中，动作行为在客观上并未导致任何质变结果的发生，量被突出强调的方式是“直接描述”，即说话人把视线放在动作行为的执行过程上，直接描述动作行为执行时表现出来的各种情状或结果。在致使性重动句中，动作行为在客观上引起了质变，超常量被突出强调的方式是“让事实说话”，即说话人把视线放在动作行为执行的结果上，通过强调动作行为带来的各种质变结果，间接地表现动作行为达到的量。

另外，即使在同类性质的重动句中，不同语义类别的重动句对量的表达也不同，这些不同就表现在，动量达到超常的方式或原因不同（详看表3－2）。

表3－2　非致使性重动句对量的表达

<table>
<tr><td colspan="4">非致使性重动句690例</td></tr>
<tr><td></td><td>补语的意义及形式特点</td><td>例句</td><td>总计</td></tr>
<tr><td rowspan="5">有量变过程</td><td>表示动作的持续或反复：
补语是形容词短语：完、满、够、多、惯、油、勤、频繁、久、高、厚</td><td>我的手机充电充满了吧？
谁的朋友换车换得勤。
喝酒喝厚了。</td><td>115</td></tr>
<tr><td>表示动作的持续：
补语是“到＋时间/处所/程度/一般名词”</td><td>读书读到深夜。
骑车骑到香山的双清别墅。
读书读到孟子。</td><td>68</td></tr>
<tr><td>表示动作的持续或反复：
补语是数量补语</td><td>我盼望这一天盼望了十几年了。
我看那个电视剧看了好多遍了都。</td><td>78</td></tr>
<tr><td>表示动作的持续：
补语是动词短语</td><td>下雨下个不停。
学习学过头了。</td><td>7</td></tr>
<tr><td colspan="3">合计268例</td></tr>
</table>

	补语的意义及形式特点	例句	总计
无量变过程	**表示动作行为自身的表现：** 1. **表示力度：** 厉害、不行、要命、一塌糊涂、狠、猛、牵强、利落/干脆、急、重、温柔； 2. **表示强度：**紧、严、死、松、快、慢； 3. **表示难度：**好不容易、不难、顺手/顺、轻松 4. **表示程度：** 深/透、浅、实实的、咬牙切齿、什么似的、很、深入、不够、充分、过分、太绝、恩断义绝、天昏地暗、昏天黑地、出血、入骨、惟妙惟肖、很像	你的皮肤缺水缺得太厉害了。 我求字求得太急了。 打网球打得这么温柔。 这两天警察查货查得很紧。 我等你这句话等得好不容易啊。 有的学生恨周老师恨得咬牙切齿。 信人信得实实的。 当初你们离婚离得恩断义绝。	116
	表示动作行为造成的结果： 1. **表示客观性结果：** 大了、小了、多了、少了、高、远、窄、好长时间；乱套、煳/焦煳、错了、咸了、翻了、砸了；特别响、山响、太艳、太旺、太浓、太明显；到 + 处所/时间、进 + 处所；可能补语；数量补语 2. **表示社会效应性结果：** [好] 类：不错、好看、漂亮、好听极了、很香、气派、特准、到位、到家； [差] 类：不好/差、难看、寒酸； [早晚] 类：早/晚、正是时候/很及时、太突然、不是时候； [错] 类：错、太不是地方	买菜买多了。 用卡用得都乱套了。 东北女人喜欢化妆化得特别浓。 弹耳朵弹到我床上了? 我睡别的枕头睡不惯。 学校筹款筹了一万元。 澳大利亚队抢篮板抢得不错。 她们穿衣服穿得太难看。 他们给庄稼盖油毡盖得很及时。 这位朋友接上一位朋友的信息接得太不是地方了。	288
	表示动作行为执行者的表现： 1. **表示态度：**警觉、认真、体贴、一不留心；仔细、精、杂、省、复杂、细 2. **表示内在心理状态：**满意、踏实、放心、过瘾	他骑车骑得很警觉。 你们俩吃米吃得够省的。 三毛在家做太太做得很放心。	18
	合计 422 例		

表 3－3　致使性重动句对量的表达

致使性重动句 330 例			
	句子的语义类型	例句	总计
有量变过程	**V 是表示非心理活动的动词：**		
	1. 动量的变化间接引起质变	吃面吃得恶心了。	19
	2. 动量的变化直接引起动作行为执行者自身发生变化		
	①引起动作行为执行者机体的物理性变化	开车门开得手都起这么多茧。	6
	②引起动作行为执行者生理感受上的变化	写论文写得头晕。	53
	③引起动作行为执行者心理感受上的变化	出事出怕了。	43
	④引起动作行为执行者自身行为的变化	她忙出国忙得顾不上回家。	9
	⑤引起动作行为执行者自身其他状况的变化	你做论文做胖了。	35
	3. 动量的变化给其他人或物带来影响或变化	发票抽奖抽得偷税者心发慌。	27
	4. 动量的变化使活动自身产生某种客观性结果	他抓扒手抓出了名气。	19
	V 是表示心理活动的动词： 想、爱、恨、盼、迷等	王征俊盼奥迪车盼得眼珠子都蓝了。	41
	质变由量变引起：252 例		
无量变过程	1. 动作行为失误或没把握好“度”导致动量超常	钉箱子钉着手指头了。	28
	2. 两可性原因导致动量超常	劈柴劈坏了两把斧头。	8
	3. 意外、巧合等偶然性因素导致动量超常	买盐买回来半斤沙子。	27
	4. 动作行为达到的“度”超常导致动量超常	丢人丢得我都臊得慌。	15
	质变由量变之外的因素引起：78 例		

二、重动句的量变图式

根据前面的分析，重动句所表现的动作行为达到的量，是一个与初始参照量相比变化了的新量，这个新量有时是一种常量，有时是一种超常量，有时还会引起质变。从这一点来看，重动句表现的其实是一种量变的过程或结果。如：

非致使性重动句中量的变化及其结果：

初始参照量 →常量

初始参照量 →非质变性超常量（无量变过程）

初始参照量 →常量→非质变性超常量（有量变过程）

致使性重动句中量的变化及其结果：

初始参照量 →质变性超常量→质变（无量变过程）

初始参照量 →常量→非质变性超常量→质变性超常量→质变（有量变过程）

由此可以看出，量变虽然在不同语义类的重动句表现不同，在整体上却共同组成了一个从量变到质变的发展过程。在这一过程中，不同语义类的重动句突显的是不同的量变阶段。非致使性重动句突显的是量变引起质变全过程的前段，致使性重动句突显的是这一过程的后段。这样，从非致使性重动句到致使性重动句，动作行为达到的量从"常量"到"非质变性超常量"，再到"质变性超常量"，直到引起"质变"，在整体上表现出一种量变的图式。具体表现如下：

初始参照量 →**常量**

初始参照量 →**非质变性超常量**（无量变过程）

初始参照量 →常量→**非质变性超常量**（有量变过程）

初始参照量 →**质变性超常量**→质变（无量变过程）

初始参照量 →常量→非质变性超常量→ **质变性超常量**→质变（有量变过程）

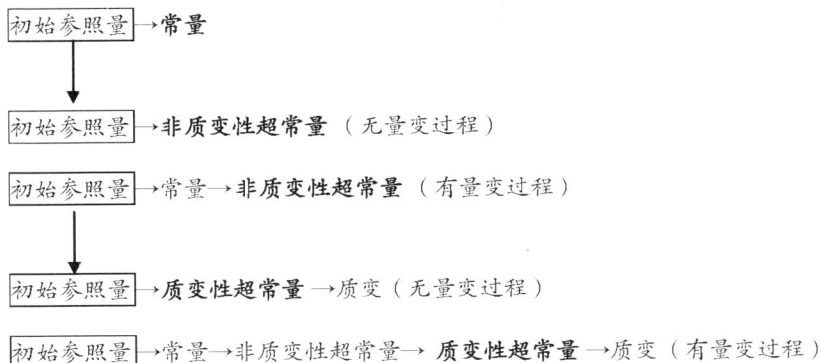

这一图式以量变引起质变的全过程为核心，形成典型的量变图式，即：

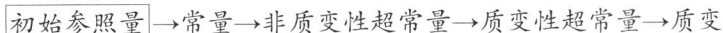

初始参照量 →常量→非质变性超常量→质变性超常量→质变

大多数致使性重动句表现的是这种典型的量变图式。

以占据不同量变阶段的局部过程为边缘，形成变体图式，即：

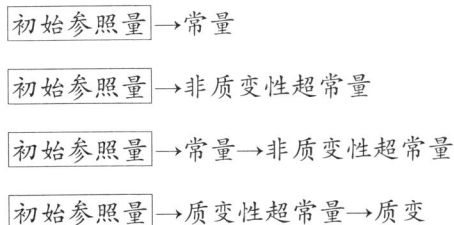

初始参照量 →常量

初始参照量 →非质变性超常量

初始参照量 →常量→非质变性超常量

初始参照量 →质变性超常量→质变

多数重动句表现的量变图式都是这种变体图式。

可见，重动句是反映客观世界逻辑范畴中量变的一种典型句法形式。

第四章

重动句的使用动因

第一节　概说

存在即是合理，语言中的语法格式是多种多样的，但任何一种语法格式的产生、存在和消亡都不是随意的。作为一种年轻的句法结构，重动结构的产生和发展不过是最近两三百年的事情。根据李讷、石毓智（1997）的考察，重动结构直到《红楼梦》时代才出现。

我们感兴趣的是，如此年轻的一种句法结构能在这么短的时间内迅速发展并成熟，必定有其存在的重要价值及理由。我们特别重视前人对重动句种种语法价值的分析和理解，因此，在前人相关研究的基础上，借鉴功能和认知语法理论的成果，从句法、语义和语用的多个层面来重新分析和认识重动句的语法价值及功能，并在此基础上进一步探讨重动句使用的动因，就成为本章所追求的基本目标。

一、"功能"与"使用动因"的关系

"功能"与"使用动因"看上去是两个完全不同的概念，实际上二者之间有着不可分割的联系。一般来说，一种句式之所以被选择和使用，或者是因为句法、语义方面的要求，或者是因为它能满足使用者某种特定的表达需求，总之，是因为它具备某些特定的功能。从这个意义上看，句式的每一种"功能"都是一种"使用动因"。

不过，不同的"功能"成为"使用动因"的情况往往并不一致。李讷和石毓智（1997）说过，动词拷贝结构的使用，有时是有选择性的，有时则是强制性的。同时引进宾语和补语的方式不止动词拷贝结构一种，但是要达到某种表达效果，也许只能用这种结构。这段话透露出，重动句的使用是强制性的还是选择性的，关键要看它功能自身的情况。如果某种功能是重动句自身独具的，即除了重动句别的句式都无法具备的功能，那么这种功能往往会成为重动句使用的强制性动因；相反，如果某种功能不是重动句自身独具的，即别的句式也具备这种功能，那么这种功能只能成为重动句使用的选择性动因。

所以，研究重动句的使用动因，必须从功能入手，同时还要区分各种功能的性质和地位。

二、重动句功能研究现状

（一）"有"和"是"的问题

有关重动句功能的研究，我们在绪论部分已经作了初步概述，成果丰硕，却也是众说纷纭，正如施春宏（2010）所说，"关于动词拷贝句的语法意义或语法功能，是最为聚讼纷纭之处"。[①] 除此之外，我们还发现，这些研究还存在一个明显的不平衡现象，即多"有"少"是"。具体来讲，"有"主要代表"重动句有什么功能"的问题，而"是"主要代表"重动句的功能是什么"的问题。研究前者只需找出重动句有什么功能即可，不管这些功能是主要的还是次要的，是独特的还是一般的，是所有重动句都具有的还是部分重动句具有的等等。总之，只要证明某种"功能"是重动句的一种功能就行。所以，"有"的问题比较单一，一般不涉及"主次轻重"等问题，研究过程中也很少会得出片面甚至错误的结论。

与"有"的问题相比，研究"是"的问题就复杂得多，不仅要找出重动

---

① 施春宏. 动词拷贝句句式构造和句式意义的互动关系，中国语文，2010（2），100.

句有什么功能，还必须区分这些功能的性质和地位：是主要功能还是次要功能，是独特性功能还是一般功能，是所有重动句都具有的功能还是部分重动句所具有的功能等等。可见，"是"的问题不是一个单一问题，而是代表了一组问题，这组问题都与重动句的"看家本领"有关，如"重动句最主要的功能是什么""重动句最独特的功能是什么""重动句最具优势的功能是什么"等。所以，研究"是"的问题需要区分各种不同的"功能"，会涉及"主次轻重"等问题，在研究中很容易得出片面甚至错误的结论。

（二）以往研究中与"有"和"是"相关的研究

从上面的分析知道，"有"的问题与所有的"功能"都有关，而"是"的问题主要与"独特性功能"和"主要功能"有关。重动句的任何一种"功能"都可以回答"有"的问题，但不是每一种功能都能回答"是"的问题。回顾重动句与功能有关的研究不难发现，这些研究所得结论大都只能回答"有"的问题，能回答"是"问题的少之又少。如：

①何融（1958）认为，动词复说在句法构造上能使动词多带连带成分，便利构造对比和配对的语句。此外，还可以加强动词在结构中的力量，加强整个句子的语气。

②王力（1944）、赵元任（1968）认为，重动句式可以解决宾语和补语在同一个动词后不能共现（宾补争动）的矛盾。

③刘维群（1986）认为重动现象的出现，主要是出于汉语句法结构上的需要。同时它们也使得整个句子的语气格外铿锵有力，具有明显的修辞效果。

④赵新（2002）认为重动句的功能包括三个方面：一是在结构上将两个句子合成一个句子，用单句形式来表达复句的内容；二是在语义上对动作行为进行强调，使得动作行为与受动者、与结果状态之间的关系更为明确；三是在修辞上表达简明，富有节奏和韵律，具有一定的修辞效果。

⑤李咸菊（2004）认为，重动句具有评议性、超常性、双重强调的语用功能；在语篇中，具有语义自足和原因解释功能。

⑥项开喜（1997）认为重动句的语用功能就是突出强调动作行为的超常性。

⑦戴耀晶（1998）认为，重动句的语法价值不仅在于解决宾语、补语同动词的立体语义关系与线性句法排列上的矛盾，更在于用邻接原则表现语言使用者对同一事件中包含的语义内容所作的分解陈述。

⑧魏扬秀（2001）从语篇角度出发，认为重动句多出现在因果关系语境的原因分句中，集中表现的是原因解释功能，在更高层意义上承担的是报道背景信息的功能。

⑨聂仁发（2001）认为重动句独特的语用价值在于把动词与宾语（即 VP_1）作为一个整体、作为事件引进，即引入表达焦点的背景信息。

⑩张旺熹（2001）认为重动结构作为一种特殊的动补结构，更倾向于表现间接的、具有较远距离的因果关系。

从"有"和"是"两个问题的研究特点来看，①—⑤的研究应该是从"有"的角度进行的。一方面，这些研究只关注重动句"有"什么样的功能，对各种功能的性质和地位如何不作区分。另一方面，结论的总结采用的是列举或罗列的方式，这是回答"有"问题的典型方式。

研究"有"的问题很少会得出片面或错误的结论，如上面①—⑤所列举的这些功能就很难说不是重动句所具有的。鉴于此，跟"有"相关的研究成果我们将不再作过多的研究和分析，而是把它们当作一种现成的结论，用作进一步分析重动句功能的必备参考。

从研究方式上看，⑥—⑩的研究应该是从"是"的角度进行的，但从结论来看，似乎又没真正解决"是"的问题。回答"是"的问题至少应该具备以下条件：第一，结论所说的某种功能必须适用于所有重动句；第二，该功能必须是重动句独具的，即别的句式没有这种功能，或者即使有，优势上也远不及重动句那么强。显然，这些研究所得出的结论大都不能满足这些条件。如：项开喜（1997）认为，重动句的语用功能就是突出强调动作行为的超常性，这一结论就带有片面性。

首先，"突出强调动作行为的超常性"并不能概括重动句的整体面貌，因为这一说法对下面这种句子不适用。如：

（1）你找人找到了吗？（生活口语）

（2）我解放了，给老师上课上完了。（生活口语）

（3）哎呀我那时可激动了，放下电话就跳起来了，还跑到人家宿舍去，扯着嗓子跟人家说："哎哎哎，告诉你们，我考博考上了！"（生活口语）

（4）海兰蹬你蹬对了。（连续剧《女子监狱》）

（5）张萍在这一阶段发球发出来了。（第28届奥运会女排小组赛"中国–德国"现场解说词。）

"找到了、上完了、考上了、蹬对了、发出来了"都是动作行为常规性的结果，反映的是动作行为达到的常量。显然，这些重动句突出强调的不是动作行为的超常性。所以，项开喜的说法在一定范围内是成立的，但不能概括重动句的整体面貌，具有片面性。

其次，"突出强调动作行为的超常性"也不是重动句独具的功能，汉语中的"一VVC"句式也有这一功能。如：

（6）借扔力，那团糍粑一跳跳进了黄豆面粉……（周懋庸《长相思》）

（7）回来后我累得要命，一睡睡到了下午五点钟，起来正好吃晚饭。（生活口语）

（8）他睡了，一睡睡了三天。（李佩甫《羊的门》）

这样看来，"突出强调动作行为的超常性"只能算作重动句的一种重要的语用功能，但不能说重动句的功能就是"突出强调动作行为的超常性"，因为这一功能既不能概括重动句的整体面貌，也不是重动句独具的，不能回答"是"的问题。所以，项文的研究初衷虽然从"是"的角度出发，实际结论却有偏颇，实际上还是一种"有"的研究。

张旺熹（2002）的"远距离因果关系说"可谓见解独到，但仍然不能很好地回答"是"的问题。

首先，与项开喜的"动作行为超常说"一样，"远距离因果关系说"对下面这种句子也不具说服力。如：

（9）（我的）手机充电充满了吗？（生活口语）

（10）林太太问："林东篱接小丰接来了吗？"（《小说家》1996 年第10 期）

（11）说话说清楚！（秦礼君 1985）

（12）严壮父说："谈我谈够了。你呢？这四年你在干什么？"（池莉《凝眸》）

（13）你开题开完了吗？（生活口语）

（14）看来我去大连去对了。（生活口语）

（15）韩乐余道："我们只管谈话谈得投机，我把这里住着军队的事都忘了告诉你了。"（张恨水《太平花》）

按照张旺熹（2002）的解释，远距离因果关系是一个相对概念：即间接的因果要远于直接的因果；隐性的因果要远于显性的因果；主观的因果要远于客观的因果；偶发的因果要远于规约的因果；具体的因果要远于概括的因果。按照这种理解，上面这组句子中 VO 与 VC 之间是应该是一种正常距离的因果关系。显然，"远距离因果关系说"对这种句子不具说服力。

尊重语言事实是语法研究的前提，像例（1）—（5）及（9）—（15）这样的句子在现实生活（特别是疑问句）中并不少见，在我们收集到的 1020例重动句中，这种句子就有 131 例，约占重动句总数的 12.8%，这一比例和事实是不容忽视的。施春宏（2010）说过，对某个句式的语法意义进行概括时，既要重视大多数用例或主要类型所体现出来的倾向性，但也不能只考虑大多数用例或主要类型的情况，否则会带来类似法律术语"多数人的暴政"这样的情况。基于大多数同类语料考察的结果，我们只能说"可以如此"且"常常如此"，但不能说"必然如此"。①"动作行为超常说"和"远距离因果关系说"对大多数重动句是适用的，但不能概况重动句的整体，只能说"多数如此"，不能说"必然如此"。

其次，从句子表达的意思来看，张旺熹（2002）所说的这种远距离的因果关系实际上并不是来自重动结构，而是来自普通的动补结构。

第一，从动补结构自身来看，普通的动补结构本身就倾向于连接远距离的因果关系。

张旺熹（2002）曾指出，汉语语法体系中最为集中的表现因果关系的句法形式是动补结构。在动补结构内部，不同的动补结构所表达的因果关系距离不同。按照这种理解，对普通的动补结构来说，动词和补语之间的因果关系是多种多样的，即距离远近不同。如果说每一个动词都对应一种近距离或正常距离的因果关系（如"吃"和"饱""洗"和"干净"之间的关系），那么除了这种关系之外，该动词和它所能联系的其他更多的补语之间相对来说就应该是一种远距离因果关系。这样一来，在动补结构内部，近距离或正常距离的因果关系只有一种或最多几种，远距离的因果关系却相对多得多，从这一点来看，普通的动补结构本身更多连接的就是远距离的因果关系，如"洗"除了和"干净"之间是近距离、正常距离的因果关系外，和"破、怕、累、手都起皮了、到处是水"等词语之间，相对来说就都是远距离的因果关系。可见，普通的动补结构本身就倾向于连接远距离的因果关系。

不止如此，事实上多数动词都很难找到一个规约性的结果来构成正常距离或近距离的因果关系，如"跑、走"等，这类词更多情况下都是和"快、慢、出汗了、累了、脚都起泡了、腿都软了"等这些结果构成远距离的因果

---

① 施春宏. 动词拷贝句句式构造和句式意义的互动关系，中国语文，2010（2），109.

关系。从这个意义上看，动补结构本身也很少用来连接正常距离或近距离的因果关系。

第二，从 VO 与其对应的可能结果 C 来看，真正能表达出来的"规约果、近果"也不多，即现实语言中大多数 C 都是用来表达"远果"的，用来表达"规约果、近果"的 C 本来就少。

理论上看，所有的 VO 都对应着一种"规约果"，但这种"规约果"大都是以无形的方式在人的心目中隐约地存在着，真正能明确表达出来并转化为现实话语的很少。如与"吃饭、洗衣服"相应的"规约果"可以用"饱、干净"这样的词语表达出来，但像"逃学、打架、跑步、骂人"这样的 VO，我们就很难找到合适的语词来表达与它们相应的"规约果"。事实上，与它们对应的 C 只要能用语言表述出来，一般都是一种"远果"。

另外，即使"规约果"可以用合适的话语表述出来，但因为"规约果"总是比"远果"少，所以现实话语中的 C 还是"远果"多。如上文所说的"游泳、唱歌、打球、打折"等，与它们对应的"果"除了"一般"是一种"规约果、近果"，其他似乎都只能是一种"远果"。所以，当需要用具体的话语来对这种 VO 进行补充说明时，补语自然大都是一种"远果"。也即，现实语言中用来表达"远果"的 C 本来就比表达"规约果、近果"的 C 多。

第三，远距离的因果关系要比正常距离或近距离的因果关系更容易进入人们的交际。

从一般意义上看，补语的作用就是对述语进行补充和说明；而从更高的层次看，补语对述语的这种补充说明都可以用量来衡量。石毓智（2000）曾指出，很多时候人们对量的计算或者估价，往往不是从"零"开始，而是把社会平均值作为一个基数对有关的量进行评估。从认知的角度来看，凡是高于社会平均值的量认知凸显性就高，就越容易进入人们的交际①。从这个意义上看，"规约果"其实就是一种社会平均值，而"远果"则是一种高于社

---

① 石毓智. 语法的认知语义基础. 南昌：江西教育出版社，2000，173.

会平均值的量，这样，与近距离和正常距离的因果关系相比，远距离的因果关系就具有了更高的认知凸显性，也就更容易进入人们的交际。从这一点来看，进入语言表达的因果关系更多的也是远距离的因果关系。

综上所述，一方面普通的动补结构 VC 本身就倾向于连接远距离的因果关系，另一方面能进入语言中的 C 大多表现的也都是"远果"，这样，以 VC 为载体进入重动结构的因果关系，自然也就以远距离的因果关系居多。所以，重动句中的远距离因果关系并不是来自重动结构，而是来自普通的动补结构。

更有意思的是，有时候远距离的因果关系在重动结构中很难成立，换成近距离的因果关系反而能成立。如：

（16）＊喝热茶喝得肚子疼。→ 喝凉茶喝得肚子疼。

（17）＊喝咖啡喝得睡着了。→ 喝咖啡喝得睡不着了。

可见，远距离的因果关系与重动结构关系并不大，"倾向于连接较远距离的因果关系"不是重动结构的独特功能，也不能很好地回答"是"的问题。

除了以上两种观点，魏扬秀（2001）的"原因解释说"也是如此。从语篇分析的角度看，"原因解释"功能也是重动句的一种重要语用功能，因为重动句经常出现在具有因果关系的语段中，而且总是处在原因段部分。但这也只能说是重动句一个比较突出的语法表现，并不因此就意味着别的句式没有这样的功能。事实上，几乎任何一种单句句式都可以承担原因解释的任务，只不过在被选择使用的机会上有着多和少的区别。所以，"原因解释"的功能也不是重动句独具的。

另外，有相当一部分重动句都是以独语句形式（即没有上下文、说话人突然冒出的一句话）出现的，这部分重动句往往只是陈述一种现实情况，并不承担原因解释的功能。所以，重动句也不是主要用来解释原因的。

　　至于"邻接分解"的功能，我们有两点看法。第一，不管它能否回答"是"的问题，至少已经有人对此提出了质疑，认为"对同事件中包含的语义内容作分解陈述，既突出宾语又突出补语"这一功能并非所有重动句都具有，具备这一功能的也只是部分重动句而已，所以这一说法也是片面的①。第二，所谓"邻接分解"，通俗地说就是在同一种意思既可以用重动句也可以用其他句式来表达的情况下，说话人选用重动句主要是为了让宾语、补语分别与动词邻接，以达到既突出宾语又突出补语的目的。对此，学界很多学者都认为，重动句并非是一种双语义焦点句②，使用重动句并不是为了同时突出宾语和补语两种成分。与"邻接分解"说不同，聂仁发（2001）认为重动句独特的语用价值在于把动词与宾语（即 VP_1）作为一个整体、作为事件引进，即引入表达焦点的背景信息，比较而言，这一说法倒是有一定的道理。

　　以上这些研究，从"有"到"是"逐步深入，体现的是人们对重动句功能认识的一个不断深化的过程：从结构内部的单层面分析，到结构外部认知功能的深层探讨，再到句法、语义、语用的多层面考察，每一步都在不断深入和完善。这些对我们进一步深入分析和探讨重动句的功能，有着极大的启发性和重要的参考价值。特别是与"有"相关的一些研究成果，因为结论的普遍可接受性，完全可以作为一种现成的结论，为重动句功能的深入研究提供佐证。

　　不过与此同时我们也看到，这些功能解释对重动句的总体状况来说显然还不够严谨。很多研究初衷是要解决"是"的问题，实际研究结果却又回到"有"的问题上，所得结论既不能适用于重动句的总体，也不能成为重动句

① 林达青、元传军．重动句语用功能研究综述．池州师专学报，2001（1）．

② 这一点在绪论部分已经作过阐述，如秦礼君（1985）、刘维群（1986）、范晓（1993）、项开喜（1997）、聂仁发（2001）等的看法，详见第一章绪论部分相关内容。

自身独具的特点。施春宏（2010）说过，"就功能主义分析而言，面临的一个最为直接的问题就是，所概括出来的功能动因是否充分而又必要。如，假如认同动词拷贝句表达的是超常量，那么是否所有的动词拷贝句都表达超常量，即充分性问题；如果要表达超常量，是否都必然以动词拷贝句来表达，即必要性问题。如果不具备充分性，那就有可能用部分来代替整体，即出现过度概括的情况；如果不具备必要性，那就有可能将相关句式的共性视为特定句式的个性"①。以上这些功能分析，"似乎还不能很好地回答这方面的问题，因此尚需做进一步的探讨"。这一说法与我们的观点不谋而合，可以说完全一致。鉴于此，本章对重动句功能的研究将以"是"的问题为主，对"有"的问题将不再作过多分析。

三、小结

以上分析表明，重动句作为一种独立完整的句法语义形式，要探讨它的使用动因，必须从功能入手。而研究重动句的功能，不仅要考虑"有什么功能"的问题，还要解决"功能是什么"的问题。前者与重动句所有的功能都有关，后者只与重动句的"独特性功能"有关。

重动句的每一种功能都是重动句使用动因的重要组成部分，但是不同的功能成为使用动因的情况又不完全一致。"独特性功能"一般与"强制性使用动因"相对应，"非独特性功能"一般与"选择性使用动因"相对应。不仅如此，同一种功能在不同情况下成为使用动因的情况也会不同。用图来表示就是：

---

① 施春宏.动词拷贝句句式构造和句式意义的互动关系，中国语文，2010（2），第100页.

重动句的使用动因

重动句有哪些使用动因　　　　重动句主要的使用动因是什么

重动句有哪些功能　　　　　　重动句的主要功能是什么
（解决"有"的问题）　　　　　（解决"是"的问题）

这些主要功能是否是独特性功能

这些主要动因是否是强制性动因

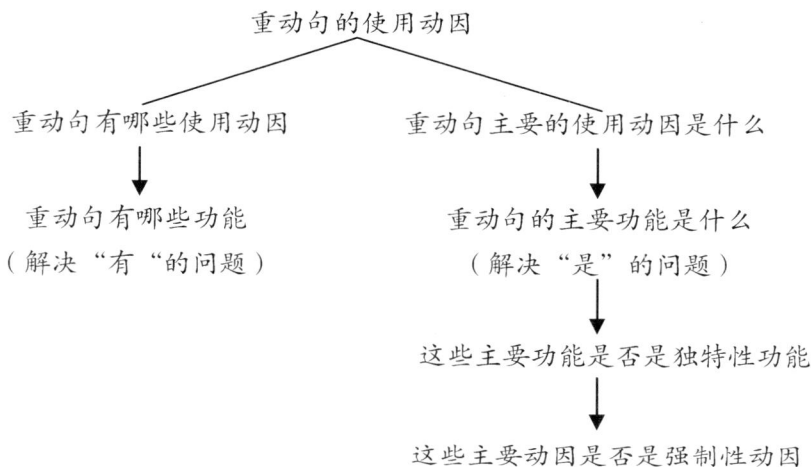

"有"的问题与重动句使用的所有动因都有关，"是"的问题则主要与"主要动因"和"强制性动因"有关。前人对"有"的问题已经作了较多的研究，成果丰富且结论可靠；"是"的问题虽有研究却仍有不足。本章对重动句使用动因的研究，将重点探讨以下两个方面的问题：第一，重动句使用的主要动因是什么；第二，这些动因是选择性的还是强制性的。

第二节　重动句的类型及使用动因

一、从重动句的产生动因看重动句的功能

探讨一种句式的使用动因，不能不考虑它的产生动因，因为一种新的句式往往是为了满足客观上某种迫切的使用需求而产生的。因此，产生动因中的某些因素也是使用动因的重要组成部分。

关于重动句的产生，不同学者有不同的看法。刘维群（1986）指出："重动现象的出现，主要是出于汉语句法结构上的需要"。温锁林（1999）则

认为：复动句的产生是由于受汉语动词偏后的信息编排策略以及与这一策略相对应的动词后只有一个重要信息单位的信息准则共同作用的结果。因此，诱发和促成这种句式产生的动力应该是句子的信息安排准则，即"动词后真正重要的信息单位只有一个"的信息准则。句法、语义的因素仅仅是复动句这种特殊句式使用上的考虑。

两种说法都提到了重动句产生的原因，也都提到了句法因素。但刘维群认为句法因素是重动句产生的动因之一，而温锁林则认为句法因素仅仅是重动句"使用上的考虑"，即只能作为一种使用动因，诱发重动句产生的动力应该是句子的信息安排准则。两种说法各有道理，只不过刘维群只看到了重动句产生的句法动因，而温锁林只看到了重动句产生的语用动因。事实上，重动句的产生是句法、语义、语用多种因素共同作用的结果，因此必须综合看待而不能只看其中一个方面，否则很可能会把某种原本也是"产生动因"的因素排除在"产生动因"之外，得出片面的结论。句法上的某种需求在重动句产生之前可以作为一种外因诱发重动句的产生，在重动句产生之后仍可作为一种需求成为重动句的使用动因之一。因此，某种句法因素一旦成为重动句产生的一种动因，也必然会成为重动句使用的一种动因。

那么，重动句到底是如何产生的？

根据李讷、石毓智（1996）的考察，"动补结构是在宋、元、明时期发展成熟的。其成熟的主要标志为，动词和补语联系紧密，组成一个句法单位，不再能被宾语隔开。"按照他们的解释，VCO、把OVC、OVC这三种结构在VOC格式消失之前业已存在，但它们并不能完全承担VOC格式的所有功能，因此必须寻求新的结构来弥补这个空缺。动词拷贝结构就是在这种条件下产生的。这样，VOC格式消失以后，其引进宾语的方式主要有四种：VCO、OVC、把OVC、VO + VC，但究竟VOC格式的功能由哪个格式表示，取决于动补短语的特点和宾语的性质。下面这种情况就只能使用动词拷贝结构：

（18）外头只有一位珍大哥哥，我们还是论哥哥妹妹，从小儿一处<u>淘气淘了这么大</u>。（《红楼梦》五十四回）

（19）姑娘们把我丢下了，叫我<u>蹦头蹦到这里来</u>。（《红楼梦》四十四回）

"淘气""蹦头"相当于我们今天所说的离合词，但这类离合词要指示动作的结果，只有采用动词拷贝结构，VCO、把 OVC 、OVC 三种格式都不适用。可见，重动结构最初的产生的确是一种句法结构上的要求，解决的是"淘气""蹦头"这类词引进补语的句法问题。这样，能解决"淘气""蹦头"这类词引进补语的句法问题就成为重动句的一种主要句法功能。

不过，也有学者对此持不同看法。施春宏（2010）认为，动词拷贝句的产生只是为了安排底层论元的需要，即在述补结构不能完全包装表达事件结构的语义结构成分及其关系的情况下，用拷贝动词来提升不能直接提升的底层论元。换句话说，动词拷贝句的结构是为了有效安排由底层论元结构提升上来的各个论元的需要而整合成的句法形式。

不论哪种说法，重动结构的产生都与句法、语义上的客观需求直接有关，换句话说，既能照顾宾语、补语的立体语义关系，又能解决句法层面显性的句法形式问题，这毫无疑问是重动句的重要功能之一，也是重动句产生并被使用的主要动因之一。

二、重动句的类型与重动句的使用动因

任何句法结构在语法上的表现都不是单一均质的，重动句也不例外，比如在保持基本语义①不变的前提下，有的重动句可以变换为其他句式，有的则不能。我们把前一类归为 A 类，把后一类归为 B 类。这样，正如不同的人各有自己不同的特长一样，不同类型的重动句在功能上的表现也不完全一

---

① 这里所谓"基本语义"不变，是就实词之间的语义关系和句子所表现的基本内容来说的，即施受关系不变，句法结构所反映的客观场景不变。

致，而功能上的不同表现又意味着使用动因上也会有差别。因此，对重动句使用动因的研究，有必要区分不同的类型分别对待。

（一）两类重动句在功能和使用动因上的不同表现

根据上面的划分，A 类重动句主要指在句法结构上不能变换为其他单句形式的重动句。这类重动句所表达的基本意义只能采用重动结构来表达，否则就无法用单句形式来表述。如：

（20）哎呀你看我，又犯糊涂了，这阵子<u>装修装得我晕头转向的</u>。（生活口语）

（21）<u>扶贫扶到点子上</u>。（《宁波日报》1998 年 4 月 17 日，转引赵新 2002）

（22）你有没有想一个人<u>想到胃痛，吻一个人吻到嘴巴肿</u>？（王文华《蛋白质女孩》）

（23）你看你，<u>开车门开得手都起这么多茧</u>。（连续剧《粉红女郎》）

（24）我是脑袋进水了，<u>我爱你爱得脑袋进水了</u>。（电影《我爱你》）

这组句子都不能变换为其他句式，属于 A 类重动句。

不过，有人认为例（20）实际上可以变换为把字句①：

（25）→哎呀你看我，又犯糊涂了，这阵子装修把我装得晕头转向的。

类似例（25）这样的句子，张旺熹（2002）认为是由"把字结构"充

---

① 刘雪琴在谈到重动句与相关句式的变换问题时，认为下面这种变换属于重动句变换为把字句的情况：父亲耕田耕断了一把犁杖。→父亲耕田把一把犁杖耕断了。

当动补结构的重动句，再如：

（26）吃螃蟹把孩子吃吐了。

（27）打仗把他老婆打没了。

（28）老师讲课把学生都讲跑了。

（29）洗冷水澡把他洗病了。

同一种句子格式，究竟属于什么句式，不同的人看法不同。我们以为，这些句子既不是单纯的把字句，也不是单纯的重动句，而是重动句与把字句两种句式的套叠。因此，凡是类似这种结构的句子，我们都不把它看作是由重动句变换来的把字句或由把字句变换来的重动句。我们认为，真正的重动句变换为把字句或被字句的情况应该是以下这种：

（30）a 他写字写得很大。（转引刘雪琴 2004）

　　　　b 他把字写得很大。

　　　　c 字被他写得很大。

（31）a 他们吵架吵得邻居很烦。（转引刘雪琴 2004）

　　　　b 他们把邻居吵得很烦。

　　　　c 邻居被他们吵得很烦。

a→b 的变换是重动句变换为把字句的情况，a→c 的变换是重动句变换为被字句的情况。重动结构与被字句套叠的情况（如：斧子被他砍树砍坏了。）也不是单纯的重动句或被字句。

B 类重动句主要是指在句法结构上可以变换为其他单句形式的重动句，这种重动句所表达的基本意义除了重动句之外，还可以采用其他的单句形式来表述。例如：

(32) 下面这首歌呢，也算是首老歌了，因为<u>我写它写了十六年</u>。（歌手刘欢）

→VOC：下面这首歌呢，也算是首老歌了，因为我写了它十六年。

(33) <u>你开题开完了吗</u>？（生活口语）

→VCO：你开完题了吗？

(34) 哎哟妈哎，<u>喂鸡喂成这样</u>，真绝！（北京交通广播《欢乐正前方》）

→把字句：哎哟妈哎，把鸡喂成这样，真绝！

这组句子可以不受句法语义的限制变换为其他句法格式，如 VOC、VCO 格式的句子以及把字句，属于 B 类重动句。

从两类句子各自的语法表现可以看出，A 类重动句因为受句法、语义的限制不能变换为别的句式，换句话说，要表达某一特定的语义又要同时引进宾语和补语，除了重动句没有别的句式可以选择，即这类重动句是被强制使用的，我们把这类重动句称为强制性重动句。B 类重动句可以变换为其他句式，即要表达某一特定的语义又要同时引进宾语和补语，重动句不是唯一可用的句式，还可以选择其他句式，此时重动句的使用是可选的，我们把这类重动句称为选择性重动句。①

李讷和石毓智（1997）说过，动词拷贝结构的使用，有时是有选择性的，有时则是强制性的。同时引进宾语和补语的方式不止动词拷贝结构一种，但是要达到某种表达效果，也许只能用这种结构。显然，对选择性重动句来说，解决句法语义方面的问题已不再是它的优势功能，它之所以被使用，主要是为了达到某种特定的表达效果，即满足语用方面的需求。所以，

---

① 李纯．论现代汉语重动句使用的选择性与强制性．武汉：华中科技大学硕士研究生学位论文，2006. 也做过类似的分类，也把这两类重动句分别称为强制性重动句和选择性重动句。

语用功能是它的主要功能，句法、语义方面的功能则是次要的。对强制性重动句来说，它的首要功能就在于解决了句法语义方面的问题，因此句法、语义方面的功能就成为它的优势功能；而语用方面的需求，可能有也可能没有。如果有，则语用功能与句法语义功能同等重要，都是主要功能之一；如果没有，则此时的语用功能是次要的。

这样，对选择性重动句来说，语用方面的因素是主要的使用动因，句法、语义方面的因素是次要的。对强制性重动句来说，句法、语义方面的因素是主要的使用动因，语用方面的因素可能是主要动因，也可能是次要动因。

（二）两类句子在重动句中的分布

1. VO 是离合词形式的重动句

重动句中的 VO 可能是"动词－名词性成分"组成的短语结构，也可能是离合词的形式。当 VO 组合是离合词形式时，重动句多数不能变换为其他句法格式。例如：

①VO 是由黏着语素和黏着语素构成的离合词：

（35）看完演唱会还挺累，那韩红也真是，我们鼓掌鼓得手都红了还嫌我们不够热情，说没人家"北航"的气氛热烈。（生活口语）

（36）你说什么呢！你是不是散步散糊涂了？没根据的话别乱说。（生活口语）

（37）革命革得开通了，大地方时兴男女自已。（梁斌《红旗谱》）

②VO 是由自由语素和黏着语素构成的离合词：

（38）不过那倒是次要的，关键是游泳游得好。（北京交通广播《一路畅通》）

（39）你告状告得好，我默倒你有多大的赏嘞！（巴金《猪与鸡》）

147

（40）女孩子都到你那去交费，你爱得过来，<u>结婚结得过来</u>吗？（张欣《城市情人》）

③VO 是由自由语素和自由语素构成的离合词：

（41）A：有那么严重吗？不就是跟万岁爷探了一次监吗？

B：就是<u>探监</u>探出事来了。（连续剧《康熙微服私访记》）

（42）<u>丢人</u>丢得我都臊得慌。（连续剧《长空铸剑》）

（43）老汉<u>抽烟</u>抽得烟锅吱吱响。（转引张旺熹2001）

以上三组句子都不可以变换为其他句法格式。根据赵淑华、张宝林（1996）的分析和统计，离合词按照搭配形式的不同大体可以分为三类：两个成分都是黏着语素、两个成分中有一个黏着语素、两个成分都是自由语素。两个成分都是黏着语素的离合词并不多，绝大多数的离合词都是以另外两种形式存在的，特别是当 VO 中的 O 是自由语素时，O 的游离性较强，位置相对灵活自由，因此，仍然有一部分 VO 是离合词形式的重动句可以变换为其他句法格式。例如：

（44）VO＋VC：那你说<u>他们打架打了半天</u>，到头来我再不要，……（生活口语）

　　　　VCO：那你说他们打了半天的架，到头来我再不要，那就不好了。

（45）VO＋VC：<u>当兵当了两年了</u>，慢慢地就对中国军队的历史了解得多了。（新闻访谈）

　　　　VCO：当了两年的兵了，慢慢地就对中国军队的历史了解得多了。

（46）VO＋VC：<u>念书念多了</u>，脑袋反而木了。（生活口语）

OVC：书念多了，脑袋反而木了。

（47）VO＋VC：你睡觉睡多了，话都说不清楚。（生活口语）

　　　　OVC：你觉睡多了，话都说不清楚。

（48）VO＋VC：张老师说你唱歌唱得特别好。（生活口语）

　　　　VOC：张老师说你唱歌特别好

　　　　OVC：张老师说你歌唱得特别好。

　　重动结构的产生和使用最初是为了解决"淘气""蹦头"这类词指示动作结果的问题，这一问题说到底其实是一种"宾补争动"的现象，但"宾补争动"的现象并不止包括这一种情况，有时候非"淘气""蹦头"类词指示动作结果时也会产生"宾补争动"的现象，如例（47）。所以，"宾补争动"的现象不仅仅指"淘气""蹦头"这类词带补语的情况，只要宾语和补语不能在同一个动词后共现，这种"宾补争动"的矛盾现象就会产生。

　2. VO 是非离合词形式的重动句

　　除了 VO 是离合词形式的重动句，许多 VO 是短语形式的重动句也不能变换为其他句法格式。例如：

　　（49）塞塞姑娘，你看，这送衣服送出气来了怎么？（连续剧《康熙微服私访记》）

　　（50）这一叫吓得我心里怦怦直跳，出事出怕了都。（连续剧《大宅门》）

　　（51）脱脸毛脱得头破血流。（《羊城晚报》1999 年 5 月 15 日，转引赵新 2002）

　　（52）很多女性甚至迷他（普京）迷得颠三倒四的。（中国之声《晚报浏览》）

　　（53）你看你，开车门开得手都起这么多茧。（连续剧《粉红女郎》）

（54）现在很多家长都是<u>爱孩子爱到孩子想要什么就给什么</u>，把孩子给惯得不行。（生活口语）

从我们掌握的所有语料来看，不论构成重动句的 VO 是离合词形式还是短语形式，重动句在整体上呈现出一种规律，即大多数的致使性重动句都不能变换为其他句法格式，如例（49）—（52）；非致使性重动句则正好相反，大多都可以变换为其他句法格式，如例（44）—（48），只有少数 VO 是离合词形式的非致使性重动句不可以，如例（53）—（55）。所以，强制性重动句主要是致使性重动句及一小部分 VO 是离合词形式的非致使性重动句；而选择性重动句主要是非致使性重动句。

（三）小结

从我们收集的 1020 例重动句来看，强制性重动句共有 478 例，其中 300 例是致使性重动句。选择性重动句共有 542 例，其中能自由变换为其他句式的 452 例，句法、语义上能变换但因语境限制不能变换的有 90 例。选择性重动句虽然可以变换，但变换之后总是有细微的语义差别和明显的语用变化，因而往往会破坏篇章的连贯性或违背说话人原来的表达意向，无法满足说话人特定的表达要求。

从以上数据看，现在生活口语中所使用的重动句，强制性重动句已不再是主流，更多情况下人们使用重动句可能是为了达到某种特定的表达需求。聂仁发（2001）曾指出，一个新的句法结构的产生，一方面要以语义关系作基础，另一方面还要以语用目的为动力，前者是内因，后者是外因。没有前者的句法结构是不可理喻的，没有后者的句法结构是没有必要的。所以，如果说重动结构的产生和使用最初是为了解决"宾补争动"的矛盾，句法、语义的因素起主导作用，那么产生之后直到现在的重动句的使用，则更多的是语用的因素在起作用。

第三节　重动句使用的句法、语义动因

一、重动句主要的句法、语义功能

从前面的分析及现有研究来看，重动句产生之初主要是用来解决"淘气""蹦头"这类离合词引进补语的问题的，毫无疑问，这是重动句重要的句法功能之一。

除此之外，重动句在句法、语义方面还具有以下这些功能，如：在句法构造上能使动词多带连带成分，便利构造对比和配对的语句（何融1958）；可以解决动词同补语、动词同宾语都不能分开（粘着形式）的"双重障碍"（王力1944、赵元任1968）；可以在结构上将两个句子合成一个句子，用单句形式来表达复句的内容，还可以在语义上对动作行为进行强调，使得动作行为与受动者、与结果状态之间的关系更为明确（赵新2002）；可以解决宾语、补语同动词的立体语义关系与线性句法排列上的矛盾（戴耀晶1998）；结构上可以有效安排由底层论元结构提升上来的各个论元的需要，进而整合成合格的句法形式（施春宏2010），等等。

这些句法、语义方面的功能，都是重动句使用的一种句法、语义动因。但是按照"功能"与"使用动因"的关系，这些功能成为使用动因的情况会因其自身性质的不同而有所不同。

首先，这些功能大部分都不是重动句的主要功能和独特性功能。如"在句法构造上能使动词多带连带成分，便利构造对比和配对的语句"的功能就不是只有重动句具有，因为按照何融（1958）对"动词复说法"的界定，重动句只是动词复说法中的一种，其他的动词复说法也都有这种功能。如以下这些句式就都有这样的功能：

A：干也得干（不干也得干）

B：吓也把他们吓走了

C：怕只怕力不从心

另外，"在结构上将两个句子合成一个句子，用单句形式来表达复句的内容"的功能也不是重动句独具的，上面的 A 式、B 式也有这样的功能。而被字句也能"使动作行为与受动者、与结果状态之间的关系更为明确"。可见，这些功能都不是重动句自身独具的。对这部分功能来说，它们只能成为重动句使用的一种选择性动因。

其次，动词同补语、动词同宾语都不能分开（粘着形式）而形成"双重障碍"的现象，以及宾语、补语同动词的立体语义关系与线性句法排列上形成矛盾的现象，实际上与"淘气""蹦头"类词引进补语所形成的问题一样，都属于一种"宾补争动"的现象。因此，重动句解决上述三种问题的功能实际上可以归为一种功能，即解决"宾补争动"的问题。这一功能是重动句产生之初最主要的一种句法功能，因此，解决"宾补争动"问题的句法需求就成为重动句使用的最主要的句法动因。

但是，解决"宾补争动"问题的功能并不是重动句的独特功能，因为别的句式（如把字句、被字句以及 OVC 句式）也有这样的功能。如：

（56）＊我刚才欺负小彭哭了。

＊我刚才欺负哭了小彭。

→重动句：我刚才欺负小彭欺负哭了。（生活口语）

→把字句：我刚才把小彭欺负哭了。

→被字句：小彭刚才被我欺负哭了。

（57）＊今天早上吃那个"奥力奥"我腻死了。

＊今天早上吃我腻死了那个"奥力奥"。

→重动句：今天早上吃那个"奥力奥"吃得我腻死了。（生

活口语）

　　　　→OVC：今天早上那个"奥力奥"吃得我腻死了。

（58）　＊他们两家打官司到县里去了。

　　　　＊他们两家打到县里去了官司。

　　　　→重动句：<u>他们两家打官司打到县里去了</u>。　（转引唐翠菊

1999）

　　　　→把字句：他们两家把官司打到县里去了。

但是，下面这种情况又只能使用重动句句式：

（59）　a1 你看你，<u>刷牙刷得到处是水</u>。（生活口语）

　　　　a2 把字句：＊你看你，把牙刷得到处是水。

　　　　a3 被字句：＊你看你，牙被刷得到处是水。

　　　　a4 OVC 句：＊你看你，牙刷得到处是水。

（60）　a1 <u>买盐买回来半斤沙子</u>，叫你你怎么想？　（电影《关中刀

客》）

　　　　a2 把字句：＊把盐买回来半斤沙子，叫你你怎么想？

　　　　a3 被字句：＊盐被买回来半斤沙子，叫你你怎么想？

　　　　a4 OVC 句：＊盐买回来半斤沙子，叫你你怎么想？

（61）　a1 哎！真是，<u>选举选到这个地步</u>。（《台湾选情》评论员曹

景行）

　　　　a2 把字句：＊哎！真是，把举选到这个地步。

　　　　a3 被字句：＊哎！真是，举被选到这个地步。

　　　　a4 OVC 句：＊哎！真是，举选到这个地步。

在（59）—（61）这组句子中，只有 a1 能成立，a2、a3、a4 都不成立，
即把字句、被字句以及 OVC 句式都不能用来解决"宾补争动"的问题，使

用重动句是唯一的选择。

可见，重动句和把字句等其他句式都可以解决"宾补争动"的句法问题，但相比之下，把字句等非重动句式在解决这一问题时受到的句法、语义限制较多，重动句受到的句法、语义限制则较少，应用范围更广。从这一点来看，在解决"宾补争动"这一问题上，重动句被选择使用的机会要大于其他句式，其解决"宾补争动"问题的功能更具优势性。

结合前面的分析，解决"宾补争动"的问题虽然不是重动句独具的功能，但对例（59）—（61）这样的句子，即强制性重动句，这一功能是主要的，也是独特的。因此，解决句法上"宾补争动"问题的需求就成为强制性重动句使用的主要动因和强制性动因。而对例（56）—（58）这样的句子，即选择性重动句，这种需求则是一种次要动因和选择性动因。

二、重动句使用的句法、语义动因

综上，重动句在句法、语义方面具有多种功能，如：可以解决句法上"宾补争动"的矛盾；能使动词多带连带成分，便利构造对比和配对的语句；可以在结构上将两个句子合成一个句子，用单句形式来表达复句的内容，还可以在语义上对动作行为进行强调，使得动作行为与受动者、与结果状态之间的关系更为明确等。与这些功能相应的每一种需求都是重动句使用的一种动因。但这些功能中，解决"宾补争动"的问题作为重动句句法、语义方面最主要的功能，与其相应的句法需求自然成为重动句句法、语义方面最主要的使用动因。其他功能作为次要功能和非独特性功能，与其相应的句法、语义上的各种需求只能成为重动句使用的次要动因和选择性动因。

此外，对不同类型的重动句来说，解决"宾补争动"问题的功能成为使用动因的情况也会不同。对强制性重动句来说，该功能既是主要的，也是独特的，因而与这一功能相应的使用需求，就成为强制性重动句使用的主要动因和强制性动因。对选择性重动句来说，解决"宾补争动"等句法语义问题已不再是它的优势功能，既不是主要的，更不是独特的，即只能成为一种次要功能。而与这一功能相应的使用需求，此时也只能成为选择性重动句使用的次要动因和选择性动因。

第四节　重动句使用的语用动因

施春宏（2010）指出，从论元结构的整合过程及其句法实现来看，动词拷贝句并不是为了实现特定语用功能或满足特定语义限制而产生的句法结构。动词拷贝句的产生只是为了安排底层论元的需要，它虽然在结构上有一定的特殊性，但也是一种基本的主谓结构式，没有特殊的语用功能或者说语法意义①。不难看出，这段话是就重动句产生的动因而说的，我们特别赞同施先生对重动句产生动因的相关描述，但对其所说的重动句"没有特殊的语用功能或者说语法意义"这点，我们很难认同。一种句式，如果说在产生之初是为满足某种句法语义方面的使用需求而出现，那么在这种句式产生之后，它的价值一定远不止停留在句法语义的层面。在众多现成的句式可供使用的情况下，要表达一种基本的意思，可供选择的句式也许并非只有一种，但严格地说，"每句话都有特定的表达功能，使之分别运用于不同的语境。因此，就某种表达功能来说，相应的句式只有一个，而不是多个。"② 从这一点来看，一种句式存在和使用的主要价值，并不只表现在它在句法语义方面所拥有的某些特定功能，更重要的还在于，它还具备某种独特的表达功能，这种独特的表达功能是其他任何句式都无法具备的。

常敬宇（2000）曾指出，当初话语句子的生成，就是说话人为了表达自己的意图而在句子的结构上作了适当的安排和选用。人们说话的意图和心理

---

① 施春宏．动词拷贝句句式构造和句式意义的互动关系，中国语文，2010（2），105.

② 参看"关于语序的几个问题——第五次语法学修辞学学术座谈会发言摘要"，吕文华发言，语言教学与研究．1995（3）.

可以说是生成句子、选择句式的最重要的语用理据。语用决定了句子的语义和句法结构，人们说话时句子的生成和句式的选择皆取决于语用。

可见，一种句式一旦产生并被广泛使用，它在语用上的特点就会逐渐发展并形成句式自身独特的表达功能，现代生活口语中选择性重动句占多数的事实就正好说明了这一点。

一、重动句的语用功能

汉语是一种单动词核心结构的语言，重动句却是一种双动词核心结构，那么，动词的重复使用在这里究竟有什么特别的用意？

温锁林（1999）从信息编排的角度，揭示了重动句这种句法形式之所以如此的语用制约因素。认为，复动句的产生是由于受汉语动词偏后的信息编排策略以及与这一策略相对应的动词后只有一个重要信息单位的信息准则共同作用的结果。也即，动词在这里的重复使用是为了达到分化动词后信息单位的目的。但分化动词后的信息单位并非只有"动词照抄"这一种手段，所以温锁林同时又指出，分化动词后成分有前移宾语和成分归并等多种手段，但与这两种手段相比，动词照抄的使用有不受句法、语义条件限制的优点。

显然，分化动词后的信息单位是重动句重要的语用功能之一，但这一功能不是重动句独具的，因为分化动词后的信息单位并非只有"动词照抄"这一种手段。因此，分化动词后的信息单位这一语用方面的使用需求就只能成为重动句使用的一种选择性动因和次要动因。

从语言表达的一般规律看，"重复"往往意味着"强调"，比如连说两个"谢谢!"要比只说一个"谢谢!"更能表达说话人的感激之情；"非常非常不容易"比"非常不容易"更强调"不容易"。同一动词重复（不同于"重叠"）两次，在语义上往往意味着对动词所代表的动作行为的强调。因此，从表达的角度看，重动句中动词的重复使用是为了突出强调其中的动作行为。我们在第三章分析中说过，重动句表现的基本语义是一种"量变"的意义，即表现的是特定活动中动作行为达到的量。句式的语法意义与语法功能是密切相关的，把语义和语用上的两种语法意义联系到一起，我们认为，重动句独特的语用功能就在于突出强调特定活动中动作行为达到的量，这个"量"有时是常量，有时是超常量；有时能引起质变，有时不能引起质变；有时能看到量变的过程，有时看不到量变的过程。总之，不是一种单一、单质的量，而是与某一特定活动有关的多态、不均质的量。

二、重动句与其语用功能相应的语法表现及其认知解释

重动句这种独特的语用功能与其在语用方面的许多语法表现都是一致的。这种一致主要表现在，这些不同的语法表现，都可以由此得到统一的解释。比如以下几个方面，就都与重动句"突出强调特定活动中动作行为达到的量"的语用功能有关。

（一）重动句多出现在因果和条件环境中

魏扬秀（2001）从语篇分析的角度，专门对重动句使用的具体语境（上下文）作了考察，发现重动句常出现在因果关系语境的原因分句中，并由此认为，汉语重动句的基本语用功能就是表原因解释，提供背景信息。而根据我们的观察，重动句不只常出现在因果关系的语境中，还常出现在条件关系的语境中，而且倾向于出现在表条件限制的分句中。这样看来，重动句应该还具有表条件限制的功能。

相生相克是现实世界中的普遍规则，同则生，异则克，语言世界亦是如此。比如反问句，因其语气强烈急促，经常出现在辩驳争论或争执争吵语境中；而陈述句，因其语气温和舒缓，多用于叙事描写语境中。同理，一种句式经常出现的语境往往也和它自身的语法功能是一致的，所以我们常会通过句式经常出现的语境来分析该句式可能具有的某种功能。不过，从"语境"到"功能"仅仅是一种方式而已，并不能认为句式之所以具有该"功能"就是因为它经常出现在这种"语境"中，因为"功能"不是由"语境"决定的，"语境"只是某种"功能"的外在体现。

具体到重动句，重动句具有原因解释和条件限制的功能，不是因为它经

常出现在因果关系和条件关系的语境中；反之，重动句经常出现在因果关系和条件关系的语境中，根本原因也不是因为它具有原因解释和条件限制的功能。

我们以为，重动句经常出现在因果关系和条件关系的语境中，具有原因解释和条件限制的功能，这与它"突出强调特定活动中动作行为达到的量"的语用功能是一脉相通的。

众所周知，量变和质变是与量密切相关的一对范畴，它们之间的关系既是一种因果关系——量变是因，质变是果；也是一种条件关系：量变是条件，质变是结果。当然，并不是所有的量变都能引起质变，但量变达到任何一个点，都会有一个相应的"质"与其对应，比如提一壶水感觉很轻松，提两壶感觉有点重，提三壶会比较吃力，提四壶则很困难。所以，"量"和"质"之间也可以既是一种因果关系——"量"是因，"质"是果，又是一种条件关系——"量"是条件，"质"是结果。比如"年满18周岁"和"成年人"之间的关系就是如此：因为年满18周岁，所以是成年人；或者，年满18周岁就是成年人了。"量"与"质"之间的这种关系，使得"量"总是充当原因或条件的角色，而"质"本身就是一种结果。所以，要得到一种结果，则动作行为必须达到一定的"量"；反之，已经得到一种结果，则必定是因为动作行为达到了一定的"量"。重动句总是用来"突出强调特定活动中动作行为达到的量"，那么在更大的语境中它常常位于原因或条件段，也就成了很自然的事情。如：

（62）要说那天出事，还就是因为买菜买多了。（BTV－7《第七日》）

（63）我从小吃南瓜吃怕了，所以直到现在我都不吃南瓜。（生活口语）

（64）你得武装自己武装到牙齿才行，否则上课就麻烦了。（生活口语）

（65）赵老师这样做是对的，你想，<u>你开题开好了</u>，以后轻松啊。（生活口语）

（66）病重，并不见得难治。只要<u>断症断得准</u>，<u>下药下得对</u>！（老舍《四世同堂》）

（62）、（63）两例是位于原因段的重动句，用"动作行为达到的实际量"来解释既成的结果和事实。（64）—（66）三例是位于条件段的重动句，用"动作行为达到一定的量"来作为实现某种目标和结果的条件。

所以，重动句之所以常常出现在因果关系和条件关系的语境中，根本的原因不是因为它具有原因解释和条件限制的功能，而是因为其自身独特的表达功能：突出强调特定活动中动作行为达到的量。

（二）重动句常常用来充当书面新闻的事件标题

重动句是一种口语色彩较浓的句式，因此很少出现在书面语或公文、政论等语体中。但在收集例句的过程中我们发现，许多书面形式的新闻媒体在报道"事件"新闻的时候，常会用重动句来充当新闻标题。如：

（67）憋口气憋出惊天一声响（《羊城晚报》1999 年 5 月 8 日，转引赵新 2002）

（68）通渠通出跨国企业（《羊城晚报》1999 年 5 月 15 日，转引赵新 2002）

（69）脱脸毛脱得头破血流（《羊城晚报》1999 年 5 月 15 日，转引赵新 2002）

（70）发票抽奖抽得偷税者心发慌（《羊城晚报》1999 年 5 月 17 日，转引赵新 2002）

（71）广州种草种入误区（《羊城晚报》2000 年 8 月 23 日，转引赵新 2002）

（72）整合整出规模企业（《新闻联播》2005 年 5 月 20 日）

　　（73）过节过穷了吧？闲置宝贝大抛售（搜狐网标题 2003 年 3 月 11

日）

　　（74）摸奖摸到轿车，喜出望外；领奖领出麻烦，对簿公堂。（《宁

波日报》1998 年 3 月 10 日）

　　（75）倒车倒出错误，引出车祸一连串（《京华时报》2004 年 11 月

21 日）

　　（76）男子碰瓷碰到警车，民警窒息式发问。（腾讯新闻标题，2019

年 8 月 22 日）

　　重动句之所以经常出现在新闻"事件标题"中，一方面如赵新（2002）
所说，可以起到"表达简明，富有节奏和韵律"的修辞效果；另一方面，主
要还与重动句"突出强调特定活动中动作行为达到的量"的语用功能密切相
关。对此，可以从以下几个方面具体分析。

　　1. 关于"事件"

　　首先，我们需要分析几个与"事件"相关的问题。

　　第一，"事件"的界定及其构成要素。

　　"事件"有广义和狭义之分。广义的"事件"相当于我们平时所说的
"事"或"事情"，狭义的"事件"按照《现代汉语词典》的解释，主要是
指"历史上或社会上发生的不平常的大事情"，即只是我们平时所说的"事"
或"事情"中的一部分。但就现实生活的实际来看，"事件"并不一定只是
"大事情"，有些"事"或"事情"虽然不是"大事"，但在客观上却造成了
某种超常结果或产生了一定影响，这样的"事情"也能构成"事件"。如
"宝马撞人事件、超市保安殴打民工事件、麦当劳饮料烫伤顾客事件"等等。

　　所以，只要在客观上造成了某种超常结果或在一定范围内产生了一定影
响的"事情"都可以构成"事件"。由此，我们对狭义的"事件"进行重新
界定，即：客观上造成了某种超常结果或在一定范围内产生了一定的影响的
事情。

根据"事件"的界定，"造成某种超常结果"或"产生一定的影响"等"结果性成分"是构成"事件"必不可少的要素。这一点 Voorst, Jan G. van. (1988) 在谈"事件结构"时也曾明确指出，认为"事件"一定是发生了的事实或存在，有一个过程，因此在"事件"结构中必须有标示"开始"和"结束"的成分。

第二，"事件"与"活动"的关系。

根据我们第三章相关内容的分析，重动句中的"VO"表现的是一种"活动"，那么"事件"与"活动"又有什么不同呢？

从词典的释义来看，"活动"是指为达到某种目的而采取的行动。因此，"活动"一般具有［＋目的］［－结果或影响］的语义特征；而"事件"因为是已经发生或完成并造成了某种结果或产生了一定影响的"事情"，具有［－目的］［＋结果或影响］的语义特征。对"事件"而言，"结果或影响性成分"在任何情况下都不能少，而"活动"则不要求这种成分。这一点 Voorst, Jan G. van. (1988) 在谈"事件结构"时也提到过，即"事件"结构中必须有标示"结束"的成分，而"活动"结构中没有标示"结束"的成分。

综合以上分析，从语义上看，"事件"与"活动"的构成要素及关系如下：

> 完整的"活动"：动作发出者＋动作＋动作关涉对象
> 完整的"事件"：动作发出者＋动作＋动作关涉对象＋结果或影响
> 二者关系：活动＋结果或影响＝事件

由此，我们对"事件"的整体认识是："事件"是造成某种超常结果或产生一定影响的事情，比较容易引起关注，具有一定的影响性。在结构上，典型的"事件"＝活动＋结果性成分。

重动句的句法结构是"VO＋VC"，从语义结构上看，"VO"代表某种

"活动"，"VC"代表某种"结果性成分"，重动句在整体上表现的正是一种典型的"事件"结构，即：重动句＝活动＋结果性成分＝事件。从这点来看，重动句"VO＋VC"的句法结构具有一定的象似性，可以说，重动句是表现"事件"范畴的典型句法形式。这是重动句报道"事件"的独特性条件之一。

　　2. "以量定性"是一种普遍的认知观

　　重动句独特的语用功能在于突出强调特定活动中动作行为达到的量，那么这种"量"跟报道"事件"又有什么关系？

　　量是事物的外在规定性，只有从认识上正确把握事物的量，才能更深刻地把握事物的质；在现实中，制定和执行方针政策、科学研究、生产实践、经济管理等社会生活各方面都离不开对事物量的分析。李宇明在《汉语量范畴研究》一书中也指出：

> 人们把握世界的重要手段之一就是"量"，对于客观的事物、事件、性状等等，人们习惯用"量"来丈量测算……当代社会更是希望把一切能量化的东西都进行量化处理，在量化的基础上定性。①

　　可见，把一切能量化的东西都进行量化处理，在量化的基础上"定性"是人们把握世界的一般规律，即"以量定性"是一种普遍的认知方式，如年满18周岁即为成年人，分数达到60分是及格，每分钟呼吸16次是正常生理指标等，都是典型的"以量定性"。

　　"以量定性"的认知观反映到语言中，就会形成"以量定性"的特殊表达方式。这种表达方式一方面可以使人们在对某个"量"进行强调的同时，还能传递"定性"的"言外义"；一方面又可以使语言表达更客观、清楚和富有说服力。如：

---

　　① 李宇明. 汉语量范畴研究. 武汉：华中师范大学出版社，2000，30.

A：来，波仔，再吃一个（冰激凌）!

B：他都吃了三个了。

A：可是波仔喜欢吃冰激凌，这是他最喜欢吃的。

B：那也不行，吃多了会拉肚子生病的。

从上下文语境可以看出，B 说"他都吃了三个了"并不只是强调"他"吃的数量，更重要的是要传递"他吃冰激凌"已经够"多"了的"言外义"。又如：

今天我们说的都是有关减肥的话题，前面说了，有的人喝凉水都长肉，有的人却怎么吃都不胖。你别说，前两天我们的记者就在石景山区发现了这么一位吃不胖的小女孩。那这个吃不胖的小女孩她吃饭到底有什么特点呢? 我们来看一下（录像资料）。……您看，这个小女孩一顿饭吃了三个煎饼、五个馒头、一盘鸡翅、一盘菜花、一锅粥（至少可以盛五碗），这顿饭吃了整整两个小时。不用我们说，从这组数据您就可以清楚地知道，这位小女孩到底有多能吃。……（CCTV - 2 某电视节目）

为了说明"吃不胖的小女孩"吃饭的特点，主持人没有作过多详细描述，而是直接给出了一组小女孩吃饭的数据，用"量"来为"吃饭"定性，不仅客观清楚，而且富有说服力。

可见，"以量定性"不仅能达到突出强调某个"量"的目的，同时还能利用"言外义"达到"定性"的目的。不管说话人强调"量"的目的仅仅是为了强调"量"，还是想通过强调"量"来为事物"定性"，"以量定性"的表达方式都是不错的选择。从更高层次看，我们常说大数据时代就要用数据说话，数据是最精准的一种"量"，用"量"说话就是用"事实"说话。当说话人要报道一个"事件"而又不想带上自己的主观看法时，为了达到客观报道的目的，"以量定性"就成为一种极具优势的表达方式："事件"性质如何，无需报道者去评论，只需强调一个"量"，听话人自会去理解、体会。

重动句突出强调的是特定活动中动作行为达到的量，"以量定性"的认知观使得重动句在"突出强调特定活动中动作行为达到的量"的同时，还能传达"为某特定活动进行定性说明"的言外义。这是"以量定性"的认知观在语言中的具体表现之一。如：

(77) 呵，你看这俩人，<u>打网球打得那么温柔</u>。（生活口语）

(78) 唉！你看看，<u>写论文写得腰里都有"游泳圈"了</u>。（生活口语）

"打网球"一般不会温柔地打，动作很"温柔"会使人感觉"打网球"这一活动很奇怪。所以，说话人在突出强调"温柔"这种超常量的同时，还能传达这里的"打网球""很特别"的言外义，不管这种言外义的传达是有意还是无意的。例（78）同理，强调"腰里都有'游泳圈'了"的同时，还可以看出"写论文"这一活动的非同寻常性。

3. 重动句符合报道新闻"事件"的基本要求

综上所述，重动句"VO＋VC"的句法结构与"事件＝活动＋结果性成分"结构正好一致，因此重动句是表现"事件"范畴的典型句法形式。这是重动句报道"事件"的优势条件之一。

此外，按照人的一般认知规律，在众多的"事件"中，并不是所有的"事件"都能引起人们的特别关注，只有那些不寻常、不一般的"事件"才容易成为人们关注的焦点，成为"新闻"。重动句"以量定性"的独特表达方式既能突出事件的"超常结果"，又能突出事件的"非寻常性"，同时还能保证新闻报道的客观性。这是重动句报道"事件"的又一优势条件。

可见，重动句无论是在语义结构上，还是在语用特点上，都符合新闻标题的基本要求：清楚地交代事件是什么，客观地突出事件的特别性。那么，重动句经常充当新闻的事件标题也就不足为怪了。

（三）特指问句形式的重动句多针对"C"进行发问

疑问句是用来发问的句子，而发问总是要针对一定的疑问点。从疑问句的类型来看，能明显表明问话人疑问点的就是特指疑问句，如：

（79）陈长青说："是，<u>打洞打了多深</u>才到达那个墓室的？"（卫斯理《异宝》）

（80）哎！你到底要让我们<u>伴舞伴到什么时候</u>啊？（生活口语）

（81）你在你们学院<u>上课上得怎么样</u>啊？（生活口语）

在我们收集的 1020 例重动句中，以特指疑问句形式进行发问的重动句共有 35 例（不包括因没听清楚而发问的回问句，如：你再说一遍，看什么看明白了？），其中 27 例都是针对 C 进行发问，针对 O 和 S 发问的分别只有 2 例和 1 例，其余 5 例都是针对全句进行发问。如：

（82）对了，<u>你开题开得怎么样</u>啊？（生活口语）

（83）那我先问你一个问题吧，<u>你当空姐当了几年了</u>？（CCTV－3"五一七天乐"）

（84）谁让你给我挣钱了？你还少说这个！<u>咱俩谁花钱花得多</u>？……一年到头值夜班，辛辛苦苦……还得受你管——你算干嘛的？（王朔《无人喝彩》）

（85）我们那儿一般都喝"燕京"，<u>这边儿喝什么喝得多</u>？（生活口语）

（86）A：看，人家已经喝完了。

　　　B：<u>喝什么喝完了</u>？（生活口语）

（87）毅男他是怎么回事，<u>怎么老是说话说不清楚</u>？（生活口语）

（88）塞塞姑娘，你看，<u>这送衣服送出气来了怎么</u>？（连续剧《康熙

微服私访记》)

　　主动发问的特指问句，疑问点往往都是发话人关注的重心。对一种固定的句式来说，如果它的特指问形式的疑问点相对集中，那么该疑问点所代表的语义成分往往就是该句式突出表达的重心。从上面的统计数据来看，特指问形式的重动句大部分都是针对 C 进行发问的，这再次表明并验证了学界多数学者都认同的一点，即：重动句表达的重心在 VC 上，而这与重动句"突出强调特定活动中动作行为达到的量"的语用功又正好是一致的。

三、重动句使用的语用动因

　　根据以上分析，重动句独特的语用功能就在于突出强调特定活动中动作行为达到的量。这既是重动句的独特性功能，也是最重要的语用功能。与此相应，突出强调特定活动中动作行为达到的量这一特定的表达需求，就成为重动句语用方面最重要的使用动因，同时也是一种强制性动因。

　　不过，不同类型的重动句在功能上的表现不同，因此对不同类型的重动句来说，"突出强调特定活动中动作行为达到的量"这一语用功能成为使用动因的情况也会不同。对强制性重动句来说，句法语义方面的使用动因是主要的、强制性的，是否还有语用方面的特殊表达需求不确定：如果有，则语用方面的使用动因也是主要的、强制性的；如果没有，则"突出强调特定活动中动作行为达到的量"这一表达需求只能成为一种选择性动因和次要动因。相反，对选择性型重动句来说，句法、语义方面的使用动因是次要的、选择性的，语用上"突出强调特定活动中动作行为达到的量"这一表达需求则是一种强制性动因和主要动因。

　　当然，重动句的语用功能不止一种，从以往研究来看，重动句在语用方面还具有以下这些功能：如可以加强动词在结构中的力量及整个句子的语气（何融 1958）；可以使整个句子的语气格外铿锵有力（刘维群 1986）；可以突出强调动作行为的超常性（项开喜 1997）；可以使语言的表达简明而富有节奏和韵律（赵新 2002）；具有原因解释的功能，可以在更高层意义上承担报道背景信息的功能，等等。这些功能都是重动句语用功能的重要组成部分，与这些功能相应的每一种使用需求也都是重动句使用的一种语用动因。但这些功能又不是重动句主要和独特的语用功能，因此与之相应的使用需求也只能成为重动句使用的一种次要动因和选择性动因。

第五节　小结

综上所述，对重动句的整体来说，使用重动句在句法、语义上主要是为了解决因句法、语义限制而导致的"宾补争动"的矛盾，在语用上则主要是为了突出强调特定活动中动作行为达到的量。但重动句内部是不均质的，不同类型的重动句因其功能的地位、性质不同，使用动因也就不同。

对强制性重动句来说，它的优势功能在于解决了汉语"宾补争动"这一重要的句法问题，因此与该功能相应的使用需求，就成为强制性重动句使用的主要动因和强制性动因。而语用方面的需求，可能有也可能没有。如果有，则"突出强调特定活动中动作行为达到的量"的表达需求就是一种主要动因和强制性动因；如果没有，则这一需求只能是一种次要动因和选择性动因。

对选择性重动句来说，解决句法语义方面的问题已不再是它的优势功能，它之所以被使用，主要是为了达到某种特定的表达效果，即满足语用方面的需求。所以，"突出强调特定活动中动作行为达到的量"这一表达需求，就成为选择性重动句使用的主要动因和强制性动因，而句法语义方面解决"宾补争动"矛盾的需求就只能是一种次要动因和选择性动因。

第五章

重动句与相关句式的对比及其教学启示
——以把字句为例

第一节　引言

前一章我们已经分析了重动句使用的动因，认为重动句来自语用方面的使用动因主要与说话人特定的表达需求有关。而一般来说，一种句式独特的表达功能往往会在与其他相关句式的对比中更为明显地显现出来。正如吕叔湘先生（1977）所说："一种事物的特点，要跟别的事物比较才显出来。……语言也是这样。要认识汉语的特点，就要跟非汉语比较；要认识现代汉语的特点，就要跟古代汉语比较；要认识普通话的特点，就要跟方言比较。"对重动句来说，无论是探讨功能的问题还是使用动因的问题，与相关句式的对比研究都是非常必要的。

一、以往重动句与相关句式对比研究中的不足

（一）重"静"轻"动"的倾向

前人对重动句与相关句式的关系已经作了不少研究，这一点在绪论部分已经作过综述，此不赘言。从这些研究来看，许多学者虽然不时强调要特别重视重动句与相关句式在语用功能上的对比研究，但真正对该问题做系统研究的并不多。吕映（2001）虽然对重动句与相关句式在语用功能上的差异做过一些探讨，但也只是概括性的论述，总体上比较粗糙，也不够系统和全面。

此外，以往这些研究大都以静态的句式变换分析为主，着力研究句式之间能否变换以及影响变换的各种制约因素，而在这些制约因素中，又主要研究补语的语义指向问题，对语用因素对几种相关句式的选择限制没有做具体的考察研究。这种重"静"轻"动"的做法对进一步探讨重动句与相关句式在句法、语义上的差异固然有益，却同时也暴露了研究中的一个明显不足——忽视了对比分析的真正目的，使研究的重点仅仅局限于浅层的形式描写。

重"静"轻"动"的另一个表现是在语料的使用上。以往研究中研究者用来分析比较的例句大都是研究者自拟的孤立的句子，很少使用或根本不用来自真实语境中自然使用的语句。这种做法的不足是：首先，自拟的句子不能忠实地反映语言事实的本来面貌，因此很可能导致所作的研究不具可信性。其次，使用自拟的例句往往会有"研究者为方便自己的研究或支持自己的观点而自造论据"的嫌疑，因此很可能导致所作的研究缺乏客观性。再次，孤立的句子缺乏必要的语境，实际上是一种理想化的语料，只适合静态的语言分析，不适合动态的言语分析，即这样的语料不能用来分析重动句与相关句式之间的语用功能差异。

所以，尽管以往的"这些变换分析有助于进一步挖掘重动句的语义限制以及重动句与其他相关句式之间的差异，但这只是纯粹从句法形式上作的分析"①只能解决"能否"的问题，对"是否"的问题②则显得无能为力。如：

（1）姐姐，咱们拿伞拿错了。（生活口语）

---

① 杨玉玲. 重动句研究综述. 汉语学习，2004（3）.
② "能否"指能否变换为某种句式，"是否"指是否需要变换为某种句式。该说法主要取自范晓（1993）"复动'V得'句"一文，原话是：并不是任何复动"V得"句都有各种变换式和变化式，能否变换或变化成某种句式取决于各种因素，其中最主要的是受制于 R 的语义指向，是否要变换或变化成某种句式，则要根据表达的要求和语境的实际。所以，"是否"的问题主要与语用有关。

如果只是考虑静态的变换分析，这个句子在句法上完全可以变换为把字句或 VCO、OVC 格式的句子。如：

（2）姐姐，咱们把伞拿错了。

（3）姐姐，咱们拿错伞了。

（4）姐姐，咱们伞拿错了。

但是如果考虑到当时的具体情境，例（1）是不能变换为其他句式的。因为说话人说这句话时的真实背景是：说话人和听话人两人准备去食堂吃饭，在室内的时候感觉外面阳光强烈，认为天一定很热，就决定出门时带上伞，遮阳用。可是走到室外的时候却发现天根本没那么热，太阳也没那么晒，于是就觉得没有拿伞的必要，带伞出来是一种错误的选择。在这种情况下，说话人说出了例（1）这个句子，她要表达的真正意思是：天不热，没有必要带伞出来，所以伞"不该拿而拿"了。在这一语境中，这种意思只能用重动句来表达，例（2）—（4）都不能表达这一意思，在这种情况下，例（1）不可以变换为其他句式。

可见，研究重动句与相关句式的关系，只解决"能否"的问题是远远不够的，还必须解决"是否"的问题。只有后一问题解决了，才能解决重动句与其他句式的语用差异问题，进而才能明确各种句式不同的使用环境，明确何时该用重动句而何时不该用。而这一点对重动句的语法教学来说恰恰是非常具有实用价值的。这一点我们在绪论部分也曾指出过，如：

＊A 妈妈培养我培养成一个医生。（妈妈把我培养成一个医生。）

＊B 我的房间也有蚊子，可是我已经打它们打死了。（我已经把它们打死了。）

＊C 我把他的故事听烦了。（我听他的故事听烦了。）

＊D 刚来中国的时候，我把中餐吃不惯。（我吃中餐吃不惯。）

　　从留学生学习汉语的实际情况来看，留学生在表达自己的思想时并不是完全回避使用重动句，事实上在接触到重动句句式之后，特别是随着他们汉语水平的不断提高，他们在生活和学习中常有用重动句来表达自己思想的要求。但是，有了使用重动句的意识和需求并不就等于学生已经掌握和学会了重动句这一句式的使用，他们说出的句子常常都带有各种各样的偏误：想用重动句却错用了重动句（不该使用重动句的情况下使用了重动句），如 A、B 两句；该用重动句却用了把字句，如 C、D 两句。不难看出，这里的最大问题就在于学生混用了重动句与把字句两种句式。而出现这一问题的根本原因又在于学生不清楚重动句与把字句各自的使用环境：什么情况下该用重动句而不是把字句，什么情况下该用把字句而不是重动句。换句话说，学生不知道两种句子在表达功能上的差异。

　　所以，要解决教学中类似的偏误问题，就必须解决"是否"的问题。

　　（二）忽视句式之间联系的紧密度

　　重动句与相关句式的对比研究还有一个明显的特点，就是在研究各句式之间的变换关系时，大家普遍都谈到了重动句可以变换的目标句式有哪些，而各种句式的实际运用比例却无人统计，即人们只关注了重动句可以变换为哪些句式，但不考虑重动句与各相关句式之间联系的紧密度：重动句与哪种句式联系最密切，与哪种句式联系不太密切，与哪种句式联系较少等等。

　　句式之间联系的紧密度可以帮助我们更好地了解句式之间的关系：哪些句式之间联系多，区别少；哪些句式之间联系少，区别多。同时也会让我们的研究更有针对性，比如想更多地了解句式之间的共同点，就可以选择与之联系较为密切的相关句式进行对比研究；反之，则可以选择与之联系不太密切的相关句式。但是目前为止，还没有人对各相关句式的实际运用比例进行专门的统计，也就没有具体的统计数字来显示重动句与各目标句式之间联系的紧密度。这就导致人们在分析重动句与相关句式的关系时，一般都只凭喜好和直觉去选择可作对比研究的句式，而并不考虑二者之间联系的紧密度，即两种句式之间的关系是否真的如研究者所预想的那样联系密切或差别明显。

　　根据我们的统计①，重动句与各相关句式之间联系的紧密度是有很大差别的。具体如表5－1、表5－2所示：

表5－1　重动句类别及数量统计

重动句	强制性重动句：478	致使性重动句：300
		非致使性重动句：178
	选择性重动句：542	受语境限制不能变换的重动句：90
		能自由变换的重动句：452

表5－2　能自由变换的选择性重动句句式分布

能自由变换的选择性重动句：452 例				
类别	非致使性重动句 430 例		致使性重动句 22 例	
可变换的目标句式	数量	例句	数量	例句
把字句	38	你得武装自己武装到牙齿才行，否则上课就麻烦了。	1	唉呦我的妈，喂鸡喂成这样，真绝！
被字句	2	（我）占她的"大好河山"占了好长时间了。	0	
把字句被字句	2	我觉得"新交法"一点都不公平，处罚司机处罚得太厉害了。	1	我刚才欺负小彭欺负哭了。
VCO 句式	68	她喝那个茶效果可明显了，一上午上厕所上了好几趟。	0	

---

　　①　这里主要通过统计重动句可变换的各类目标句式的数量来观察各相关句式与重动句之间联系的紧密度，具体统计结果见表5－1、表5－2数据。

类别		非致使性重动句 430 例		致使性重动句 22 例
VOC 句式	48	夫人伺候老爷伺候这么些年了，也轮到我伺候伺候夫人了。	0	
OVC 句式	172	他说，你们把握这个（理论）把握不好，别讲这个。	3	小孩听狼外婆的故事听烦了。
VOC/OVC VCO/OVC VCO/VOC 把字句/ OVC	16	1. 我盼望这一天盼望了十几年了，我一定能打败康熙。 2. 这一回，我们找排长找不到，找连长也找不到。 3. 我开餐厅开了三十年了，……	9	1. 看专业书看烦了。 2. 我等你等得好苦好苦。 3. 我干这样的事情干腻了。 4. 我听这一篇话听得凄然又悚然。
其他句式	84	你是不是学习学过头了？	8	战士们起雷起得着了迷。

从以往研究来看，重动句与把字句、被字句之间的对比研究最受关注，相应的研究也明显居多。但从表 5 - 2 的数据可以看出，能变换为把字句、被字句的重动句并不多，与重动句发生变换关系的主要是 OVC、VCO 等句式。重动句与把字句、被字句之间的联系远不及与 OVC、VCO 等句式之间的密切。

所以，研究重动句与相关句式之间的关系，可以根据研究重心，有针对性地去选择研究角度：如果着重分析的是重动句与相关句式之间的不同，可以优先选择把字句和被字句；如果着重分析的是重动句与相关句式之间的联系，最好选择 OVC、VCO 等句式。

二、本章研究内容

综合以上分析，本章对重动句与相关句式的对比研究主要有以下几个特点。

第一，"是否"的问题比"能否"的问题更值得进一步探讨，"能否"的研究成果丰硕，而"是否"的研究还存在较大空白。针对这种现状，本章的研究将主要以"是否"的问题为主，即主要研究重动句与相关句式在语用上形成的功能差异，对"能否"的问题将不再作过多阐述。

第二，与重动句相关的句式有多种，但从句式之间联系的紧密度来看，把字句更适合用来分析重动句与相关句式的功能差异。此外，从重动句与把字句在多种语法现象中各自的语法表现也可以发现，重动句与把字句在语用功能上常常表现出许多不同甚至对立的语法特点。为此，本章将以把字句为例，对重动句与相关句式的语用功能作对比分析，其他相关句式如被字句、OVC、VCO 以及 VOC 等，暂不考虑。

第三，自拟的例句不能如实地反映语言事实的本来面貌，无法保证研究的客观真实性，所以在语料的选择上，本章例句将主要以现实生活中自然、真实的口语语料为主，避免使用自拟的生造句，以期在忠于语言事实的前提下尽可能地保证所作研究的客观真实性。

第四，研究重动句与相关句式在语用功能上的差异，对重动句的语法教学具有重要的实用价值，所以本章在研究重动句与把字句语用功能差异的基础上，还将根据这些差异所带来的启示，尽可能地总结适合重动句教学的语法特点和规律，以期对重动句的教学提供一定的参考。

总之，本章虽以"重动句与相关句式的对比及其教学启示"为题，但"对比"只限于语用功能的对比，"相关句式"只以"把字句"为例。即本章要探讨的主要问题是：第一，重动句与把字句在语用方面的功能差异。第二，这些功能差异所带来的教学启示。

第二节　重动句与把字句的对比及其教学启示

一、以往研究中的一个误区

前面说过，在重动句与相关句式的对比研究中，尽管重动句与把字句之间的联系不及与 OVC、VCO 等句式之间那么密切，但把字句与重动句的关系却一直以来都受到了学者们的特别关注。之所以出现这种现象，大概与以下几个方面的原因有关。

一是如上文所说，以往研究中缺乏对相关句式实际运用比例的统计，人们尚未关注到重动句与相关句式之间联系的紧密度，因此在探讨重动句与相关句式的关系时，就不会根据紧密度选择适合不同对比研究目的的句式，而只是根据个人的研究兴趣、语法直觉以及现有条件等来决定对比分析的对象。把字句鲜明独特的语法特点及其相对丰富和成熟的研究成果都使它具备了更多与其他句式进行对比研究的优势，所以不管它与重动句的关系如何，它都更容易引起人们的注意，从而成为对比分析的对象。

二是有些学者把相当一部分特殊句式——重动句和把字句套叠的复杂句式（如：吃螃蟹把他吃吐了）简单地划入了把字句的范围，因而使得许多本不能变换为真正把字句的重动句，也都能变换为所谓的这种把字句①。数量上的优势使得重动句与把字句之间的联系显得尤为密切，因此也容易引起学界的格外重视。

三是以往研究中使用的例句大都是研究者自拟的孤立的例句，这些例句许多都是研究者为方便自己的研究或进一步支持自己的观点而自造的，因此能变换为把字句的重动句可以人为地无限增多。显然，这种做法已经掩盖了语言事实的本来面貌，以至于造成重动句与把字句之间联系非常密切的假象。

根据前面我们的统计，真正能自由变换为把字句的重动句很少，重动句与把字句之间的联系并非如人们一直以来想象的那样，足够密切。

二、重动句与把字句的语用功能对比

如果把重动句的句法形式记作"S + VO + VC"，把字句的句法形式记作

---

① 详细说明可参见第四章第二节 2.1 小结的相关内容。

"S 把 OVC"，则它们之间跟语用功能相关的区别和对立主要表现在以下几个方面。

（一）说话人关注的对象和重心不同

我们在第四章已经做过相关分析，重动句独特的语用功能是突出强调特定活动中动作行为达到的量。这其实已经明确指出了说话人使用重动句时的表达重心，即说话人使用重动句主要想传达的是"S + VO + VC"中 VC 这一部分的信息，而 VO 按照聂仁发（2001）的说法则只是说话人引入表达焦点的背景信息。这样，在重动句中，说话人所关注的对象就是某特定活动 VO，关注的重心则是"VO 执行得怎么样"。

与重动句不同，把字句关注的重心不是"VO 执行得怎么样"的问题。

从把字句的众多研究成果来看，学界普遍认为把字句具有"处置"的意义，王力先生甚至称把字句为"处置式"。虽然一直有人对这种说法提出质疑，并想取消把字句"处置式"这一名称，但始终没能取消。为此，沈家煊（2002）特别指出，"这说明把字句有'处置'意味的判断还是基本符合我们的直觉"。

此外，张伯江（2000）也从句式语法的观点出发，指出"A 把 BVC"的整体意义是：由 A 作为起因的、针对选定对象 B 的、以 V 的方式进行的、使 B 实现了完全变化 C 的一种行为。

可见，在把字句中，说话人主要想传达的是"S 针对某选定对象 O 施加某种处置"这样的信息。这样，在把字句中，说话人关注的对象就是某既定对象 O，关注的重心则是"S 对 O 做出什么处置"。

由此，在同一种意思既可以用把字句又可以用重动句来表达的情况下，说话人选择把字句，则说明他关注的对象是 O 这一事物而不是 VO 这一活动，更关注"S 对 O 做出什么处置"的问题而不是"VO 执行得怎么样"的问题。反之，选择重动句，则说明说话人关注的对象是 VO 这一活动而不是该活动涉及的对象 O，更关注"VO 执行得怎么样"的问题而不是"S 对 O 做出什么处置"的问题。如：

（1）a A：如果过节那天找不到老师怎么办？

　　　 B：那就<u>打电话打到家里</u>，跟他说一声节日快乐。（生活口语）

　　 b A：如果过节那天找不到老师怎么办？

　　　 B：那就把电话打到家里，跟他说一声节日快乐。

（2）a 看，好看吧？以后我<u>装水装到这儿</u>，这样人家就认不出来了。（生活口语）

　　 b 看，好看吧？以后我把水装到这儿，这样人家就认不出来了。

（3）a 林太太问："<u>林东篱接小丰接来了吗</u>？"（《小说家》1996年第10期）

　　 b 林太太问："林东篱把小丰接来了吗？"

例（1）中，从 a 式可以明显看出说话人关注的重心是"打电话"所达到的要求而不是对"电话"做出什么处置。b 式则正相反，说话人关注的重心是对既定对象"电话"作如何处置的问题。例（2）中，从 a 式可知说话人关注的对象是"装水"这一活动而不是"水"这一事物，关心的是"装"的程度而不是"装什么"；从 b 式可知说话人关注的对象是"水"这一事物而不是"装水"这一活动，关注的重心则是"我"怎么处置"水"，而不是"装水"达到的要求或程度。例（3）同理，a 式关注的重心是"林东篱接小丰"这一活动，关注的重心是"接"的情况；b 式关注的对象是"小丰"，关注的重心是"林东篱"对"小丰"做了什么处置。

（二）施事的语义、语用特点不同

1. 把字句中施事的"意志性"和"追加 S 的责任"

沈家煊（2002）认为把字句的语法意义是表示"主观处置"，即说话人主观认定主语甲（不一定是施事）对宾语乙（不一定是受事）作了某种处置（不一定是有意识的和实在的）。这一说法的核心在于"说话人认定"，即不管客观上甲是否真的对乙作了处置，只要说话人是这么认定的，他就选择把字句，不这么认定，就用一般的动宾句。所以，把字句总是带有强烈的主观性。

我们不敢断言把字句的语法意义就是表示"主观处置"，但有一点可以肯定，就是把字句总是带有说话人强烈的主观性。因为不管说话人说什么样的话，只要他使用的是把字句，我们总能在句子中或多或少地感受到他的"自我"表现成分，感受到他对自己所说话的立场、态度或感情等"自我"的印记。这些"自我"的印记，正是把字句主观性的体现。

把字句的主观性表现在许多方面，其中一个比较突出的表现就是说话人对施事"意志性"的认定，即在 S 为施事的情况下，说话人使用把字句时往往总是要么认定 S 有"使 O 发生 C 这种变化"的意图或目的，要么认定 O 身上所发生的一切是 S"有意"造成的，S 应该对事件承担责任。由此，施事的这种"意志性"又主要表现在以下几个方面，即说话人对施事"目的性""有意性"和"责任性"的认定。如：

    （4）他把汗湿的手掌紧紧捏成拳头，仍然克制不住周身簌簌地颤抖。（《人到中年》转引沈家煊 2002）

    （5）哎呀！坏了，王华把那个盘（安装盘）拿走了，这还装什么呀装。（生活口语）

在例（4）中，客观上"他"紧捏拳头是无意识无目的的，但在说话人眼中，"他"紧捏拳头的目的是想克制颤抖。对此，沈家煊（2002）认为，这是把字句主观性的又一表现：说话人对目的或因果关系的认定，即当我们推断主语为某一目的而处置某一宾语时，除非主语就是"我"，实际上都是说话人推断主语为某一目的而处置宾语。张旺熹（1991）也指出，当人们"强调"目的关系时，便使用把字句，把字句最自然的使用环境是带一个目的状语。可见，把字句中施事具有"目的性"的语义特点是显而易见的，这种意义从语义上看是句式本身带来的，从语用上看则是说话人主观认定的结果。

在例（5）中，按照当时的实际情况，"王华"因为着急上课，忘了把放在电脑包里的安装盘拿出来，结果"无意"带走了"盘"。但是说话人使用把字句来表达，则明显可以感觉到说话人"责怪"或"不满"的口气和态度，似乎"王华"是"有意"拿走了"盘"，因此应该对"盘""走了"的事实承担责任。毫无疑问，这里的"有意性"和"责任性"都是说话人主观认定和追加的结果。

此外，把字句的主观性还表现在说话人对"无生"事物责任的追加上，即即便是在 S 为非生命体的情况下，说话人通常也会追究 S 的责任。如：

（6）我告诉自己不要看那轮子，但另一种巨大的力量把我的目光牢牢吸引在那两对后轮上，直到那两对后轮蓦地停止转动……（转引张伯江 2000）

（7）那四台哒哒作响的机子，把带着钱想买草帽的客人老远地就吸过来了。（转引张伯江 2001）

张伯江（2000）认为，例（6）、（7）中的"力量、机子"都是非意愿性成分，也不是造成事件的主谋者，但是说话人认定它们是责任者，因此归因于它们。又指出，施事者对有意为之的自主行为当然是要负责任的，但有时他无意成了某事件的起因也逃脱不了责任。因此，把字句总有"追究责任"的意味，这种意味究其实质是说话人带来的。把字句是表达说话者追究责任语义的一种适宜句式。所以，把字句中的 S 常常是个强意志性成分，至少也是责任者。

可见，在把字句中，说话人对 S 的态度是：要么强调它的"意志性"，要么追加它的责任，强化其"责任性"。

2. 重动句中施事的"非意志性"和"开脱 S 的责任"

与把字句总是强调施事的"意志性"和"追加 S 的责任"不同，重动句既不追究 S 的责任，也不强调施事的"意志性"。重动句突出强调的是特定活动中动作行为客观上达到的量。这里的"客观"包含两层意思：第一，这种量一般都是随着动作行为的执行自然或偶然达到的，很少受施事意志的控制。第二，这种量一般都是已经达到或客观存在的，很少是将要达到或未达到的①。比如：

（8）昨晚喝酒喝吐了，没脱衣服就睡了，结果半夜里冻醒了。（生活口语）

（9）他又是玩，又是笑的，别是回家回傻了吧？（连续剧《康熙微服私访记》）

（10）没想到啊没想到，朕当老百姓当了二十几天，就弄得如此狼狈了。（连续剧《康熙微服私访记》）

（11）你愁什么呀，你上课上得好，又是博士。（生活口语）

"吐了、傻了"既不是施事的目标，也不是施事"故意"要造成的结果，而是随着动作行为的进行自然或偶然达到的一种结果或状态。例（10）中的"没想到"告诉我们，"二十几天"的结果也不是在施事意志的控制下达到的。例（11）中"上得好"是"你"客观上存在的一种能力，此处也与施事的意志无关。四个句子中，例（8）—（10）中动作行为的量都是已经达到和实现的；例（11）中动作行为的量则是客观既存的事实。

可见，重动句所突出强调的动作行为达到的量，大都是动量"自动"变化的结果，与施事的意志无关。这样，正如"承认责任在 A，则否认责任在 B"所说明的道理一样，重动句在强调客观上动作行为"自动"量变达到某种结果的同时，实际上也从反面强调了这种结果"自动"形成的事实，因此无形中也就把结果的形成归因于人的意志之外的"自动"量变，脱掉了施事

_____

① 这一点在 2.3 节中将有详细解释和说明。

的"意志性"而使其带上"非意志性"的语义特点。这种"非意志性"不象把字句中施事的"意志性",是说话人正面刻意强加的,而是说话人在强调客观上动作行为"自动"量变的同时,无形中反衬隐含的结果。

重动句中施事的这种"非意志性"也表现在几个相关的方面。

首先,这种"非意志性"表现在施事的"无意性"上,这种"无意性"总是可以起到为施事"减轻或推卸责任"的作用。如:

（12）a 他因为背毛主席语录背错了,丢了军职。(《芙蓉》1996年第5期)

　　　　b 他因为把毛主席语录背错了,丢了军职。

（13）a 皇上,奴才当差当砸了,该罚。(连续剧《康熙王朝》)

　　　　b 皇上,奴才把差当砸了,该罚。

（14）a 我发短信发错了,发给郭郭了。(生活口语)

　　　　b 我把短信发错了,发给郭郭了。

从人的一般认知规律来看,当一个人在客观上无意造成了某种不如意的结果而又需要报告这一事实的时候,出于他的"无意"或者"无辜",报告人一般都会尽量选择使用那些能够凸显责任人"无意性"和"不小心性"的表达方式,以此来减轻甚至推卸责任人的责任。相反,除非报告人想进一步加害责任人,报告人一般不会使用那些可能会凸显责任人"有意性"或强化其"责任性"的表达方式,因为那样不但不会减轻责任人的责任,反而还会使他的责任加重,给责任人带来更大的损失。重动句和把字句正好就是这样两种具备"推卸责任"和"追究责任"两种相反功能的句式:使用重动句,可以突出施事的"无意性",起到减轻甚至推卸施事责任的作用;使用把字句,则可以突出施事的"有意性"或强化施事的责任,起到加重施事责任的作用。

由此我们就可以明白,为什么（12）—（14）三例中,说话人选择使用重动句而不是把字句来报告发生的客观事实。因为"丢了军职"对"他"来说是不如意的事情，"他"应该值得同情，所以应该尽量凸显"他"的"无意"以减轻"他"的责任；"奴才"自己当差出了问题，"皇上"自然会怪罪下来，所以"奴才"只能竭力去凸显自己的"无意"以为自己开脱；同理，"短信"发错了会有些尴尬，所以"我"会尽量用自己的"无意"来减轻这种尴尬性。

其次，这种"非意志性"还表现在施事的"非目标性"上，即句中 C 所代表的语义内容不是施事有意要达到的一个目标。如：

（15）a 我上表上到六点五十五，结果五点多就醒了。（生活口语）

　　　b 我把表上到六点五十五，结果五点多就醒了。

（16）a 炕上他骂韩德培骂得出血，白日里为韩家做活却比谁都热心。（《萝卜套》）

　　　b 炕上他把韩德培骂得出血，白日里为韩家做活却比谁都热心。

在这些句子中，a 式只是说话人对已经发生的客观事实进行了一个客观的陈述或报道，句子中看不出说话人"认为施事有达到或造成某种结果的目的"的看法，而 b 式则明显可以看出说话人的这种看法。如例（15），"六点五十五"在 a 式中只是说话人"上表"达到的一个客观结果，看不出是施事的一个目标；而在 b 式中则明显可以感觉到，"六点五十五"这一结果是施事事先早就定好的目标，即施事事先已经想好要使表定在"六点五十五"这个时间。同理，例（16）中，"出血"在 a 式中只是"他骂韩德培"时不知不觉自然达到的一种程度，而在 b 式中则明显可以感觉到，"骂韩德培"这一行为及其达到的程度都是受"他"的意志控制的。

综上，虽然说话人使用重动句的正面表达要求并不是为了凸显施事的"非意志性"，但施事的这种"非意志性"却总是在说话人正面突出强调动作行为"自动"量变的同时，自然而然得以凸显。因此，重动句在正面"突出强调特定活动中动作行为客观上达到的量"，满足说话人特定表达要求的同时，还具有"凸显施事非意志性"和"减轻或开脱施事责任"的语用功能。

不过，重动句也不是绝对不能"追究责任"，但"追究责任"时需要借助凸显责任者的另一标记句式"是……的"来完成。另外，责任者一般也不是 S，而是 VO 这种活动。如以下句子①：

（17）可是你的伤口流血了，<u>一定是打球打得</u>。（电影《初恋五十次》）

（18）我们宿舍电话机经常坏，<u>都是我们拔电话线拔得</u>。（生活口语）

（19）A：你们老师挺好的，不论什么文章都统一要求格式。

　　　　B：<u>他那是做编辑做得</u>。（生活口语）

（20）你看那老刘，65 了，身体还那么硬朗，<u>那都是蹬三轮蹬得</u>。（《咱得有个家》）

（21）我们班又来了个新学生，<u>是调班调过来的</u>。（生活口语）

（22）他们说<u>海宁是喝酒喝死的</u>。（电视连续剧《李卫当官 2》）

不难理解，"电话机经常坏"是由"拔电话线"引起的，"拔电话线"这一活动应该是造成事件的责任者，标记词"是"也进一步表明了这一点。这再次证明，单纯的重动句没有"追究责任"的语义，除非借助特殊标记的句式。

（三）两种句式表述的内容性质不同

第一，把字句常常用来表达有计划有目的的受意志控制的"意愿性、目

---

① 这些句子其实是重动句与强调句型的套叠，重动句中的"得"与强调句型中的"的"重合，但从基本语义上看，写作"得"更为合适，因为即使只保留"VOV得"形式，句子的基本语义也不受任何影响，但是去掉"得"，句子就不成立了。

标性"的事情，而重动句很少用来表达这种事情，除非需要表达的意思只能使用重动句形式，而且这种情况下还必须借助使用表"意愿"性的词语。如：

(23) 哎！你到底要让我们伴舞伴到什么时候啊？（连续剧《粉红女郎》）

这个句子不能变换为把字句，所以只能用重动句形式，而且必须借助能愿动词"要"才能表现出施事的"意愿性"。如果不借助表"意愿"的词语，重动句一般不能表达"意愿性"的事情。如：

(24) a 你上课上到什么时候？（生活口语）
　　　 b 你要上课上到什么时候？

使用 a 式，意味着上课的时间与"你"的"意愿"无关，即上课时间是早就定好了的，"你"只是按照规定执行，只是说话人不知道时间定到什么时候而已。所以，a 式表达的是一种不带"意愿性、目标性"的客观事情。使用 b 式，则明显表达的是一种"意愿性、目标性"的事情。

但是，在把字句和重动句都能用的情况下，把字句比重动句更适合用来表达这种有计划有目的的"意愿性、目标性"的事情。如：

(25) a 你得武装自己武装到牙齿才行，否则上课就麻烦了。（生活口语）
　　　 b 你得把自己武装到牙齿才行，否则上课就麻烦了。
(26) a 潘太守，你个狼心狗肺的东西，你到底要整我们整到什么时候才放手？（连续剧《新梁山伯与祝英台》）
　　　 b 潘太守，你个狼心狗肺的东西，你到底要把我们整到什么时候才放手？

（27）a 其他节目<u>你可以说一件事情说得很深很透</u>，可是《一路畅通》节目不行，因为它是……（BTV－2《往事在说》，《一路畅通》节目主持人罗兵）

　　　　b 其他节目你可以把一件事情说得很深很透，可是《一路畅通》节目不行……

（81）a <u>我会吹牛吹得小一点</u>。（连续剧《粉红女郎》）

　　　　b 下次我会把牛吹得小一点。

在这组句子中，使用 b 式，句子的表达要比使用 a 式更加顺畅和自然，在接受程度上也要好于 a 式。

不过，重动句对"想、要、能、得"等能愿类词语的开放程度非常有限，远不及把字句。即该类词语可以很自由地进入把字句，但却很难进入重动句。事实上，在 1020 例重动句中，句中带有能愿类词语修饰的重动句只有8 例。

这样，一方面只有借助能愿类词语才能表达"意愿性、目标性"的事情，一方面又排斥限制这类词语进入句子，这种矛盾对立的结果只能是：除非必须使用重动句形式，否则重动句一般不用来表达这种有计划有目的的受意志控制的"意愿性、目标性"的事情。即使表达了，重动句的表达方式也不是最理想的，在可接受性上远不及把字句。

第二，把字句可以用来表述已经发生或存在的"现实"性事实，也可以用来表述没有发生或不存在的"虚拟"性事实，而重动句表述的一般都是客观上已经存在或发生了的"现实"性事实①，很少或几乎不对没有发生或不

---

① "虚拟"和"现实"的说法取自石毓智（2001）的解释，认为现实是指客观存在的事物、行为、性质、变化、关系、量等。相反，虚拟是不符合事实的、假设的、主观想象的、不真实的事物、行为、性质等。根据这种说法，客观上已经发生和存在的事实自然是一种"现实"性的事实。

存在的"虚拟"性事实进行表述。下面是我们的统计结果：

$$
重动句\ 1020\ 例\begin{cases}表述的是客观存在的事实：450\ 例\\表述的是已经发生或完成的事实：508\ 例\\表述的是假设虚拟或未发生的事实：62\ 例\end{cases}
$$

综合上面的分析及实际的统计结果可以看出，在表达上，重动句排斥"意愿性、目标性"和"虚拟"性的内容而倾向于报道陈述"现实"性的事实。把字句则正相反。因此，要表达"意愿性、目标性"和"虚拟"性的内容，说话人选择把字句的可能性会更大；反之，想要对"现实"性的事实进行较为客观的报道和陈述，重动句被选择使用的概率则要远远大于把字句。

（四）与两种句式各自的语用特点相应的语法表现

形式和意义是相互验证的，重动句与把字句在语用上的这些对立，在形式上也通过它们不同甚至对立的语法表现得到了验证。这些不同的语法表现主要有如下几个方面。

第一，两种句式在句类上的分布不同。

从句类上看，以祈使句形式存在的把字句非常普遍，而重动句则几乎不用祈使句形式，这一点曾有人作过专门的统计①，其结果如表5-3所示。

表5-3　重动句的句类分布

重动句句类分布		
句类	数量	所占比例
祈使句	0	0%
感叹句	20	1.25%
疑问句	32	2.00%
陈述句	1548	96.75%
合计	1600	100%

---

① 该统计数据来自刘雪芹的博士论文，现代汉语重动句研究．上海：复旦大学博士研究生学位论文，2003.

应该说这个统计结果还是比较符合语言事实，因为在我们所收集的1020例重动句中，以祈使句形式存在的重动句我们也只发现了3例，大多数重动句都是以陈述句的形式存在的。

重动句与把字句在祈使句句类上形成的这种不同的语法表现，是它们在语义、语用特点上对立的又一体现。

从说话人表达的角度看，祈使句是指要求对方做或不要做某事的句子，一般用来表达说话人命令、禁止、请求、劝阻等指令性的要求，因此带有说话人强烈的主观意愿性。这一点与把字句常常用来表达"主观意愿性"内容的语用特点是相应的，与重动句一般不用来表达"主观意愿性"内容的语用特点则正好冲突。所以，重动句几乎不用祈使句形式。

从句子所表述的内容来看，祈使句表述的内容一般都是"虚拟"的；而重动句表述的内容大都是"现实"的。按照石毓智（2001）的解释，对"现实"性的情况，语言中多用陈述句的方式来表达，而对"虚拟"性的情况，则多用条件句、假设句、意愿句、祈使句、疑问句等加以表示①。这样，重动句在句类的选择上自然倾向于陈述句形式而排斥祈使句形式。

第二，两种句式在"肯定/否定"形式上的分布不同。

体现重动句与把字句语用功能对立的另一个语法表现，就是它们在肯定、否定形式上分布的不同：重动句主要以肯定形式存在，很少以否定形式存在②，在所收集的1020例重动句中，否定形式的重动句只有2例；而把字句则无此分别，肯定、否定形式都很普遍。

从人们认识世界的一般规律看，已经发生和存在的事实是不需要否定的，只有不存在、不真实等虚拟的事实才需要否定。因此，排斥表达"虚拟"性内容而倾向于报道和陈述"现实"性内容的重动句，也就很少以否定的形式存在。相反，既可以表达"现实"性内容，也可以表达"虚拟"性内

---

① 石毓智. 肯定和否定的对称与不对称. 北京：北京语言文化大学出版社，2001，47.
② 关于重动句否定式的相关论述已在"绪论"部分提及并作了初步分析，详细说明可参看第一章"绪论"部分的相关内容。

容的把字句，则可以自由地选择存在的形式，肯定、否定形式都不受限制。所以，否定形式的把字句普遍存在，否定形式的重动句却很少见。

（五）小结

从以上分析可以看出，重动句与把字句在语用功能上各有自己独特的表达特点。如表5－4：

表5－4　把字句与重动句的表达特点

对比项 \ 句式	把字句	重动句
（1）说话人关注的对象	既定对象 O	特定活动 VO
（2）说话人关注的重心	S 对 O 做出什么处置	VO 执行得怎么样
（3）S 的特点	（施事）意志性、责任性	（施事）无意性、无责任性
（4）C 的特点	多为施事的目标性结果	多为施事的非目标性结果
（5）否定形式	普遍	很少或几乎没有
（6）祈使句形式	普遍	很少或几乎没有
（7）句子表述的内容	意愿性、目标性、现实/虚拟性内容皆可	现实性内容，排斥意愿性、目标性、虚拟性内容

综合这些特点可以看出，在同一种意思既可以用把字句也可以用重动句来表达的情况下，说话人选择其中的一种句式总是或多或少地带有以下这样一些不同的语用目的：

第一，把字句中说话人关注的对象是 O，关注的重心是"S 对 O 做出什么处置"。因此，当说话人主要想传递"S 对 O 做出什么处置"的信息时，把字句比重动句更适合。反之，重动句中说话人关注的对象是某特定活动 VO，关注的重心是"VO 执行得怎么样"。因此，当说话人主要想传递"某活动 VO 执行得怎么样"的信息时，重动句比把字句更适合。

第二，把字句具有强烈的主观性，说话人常常认定施事有达到某种目的的意图并总是追加施事的责任。因此，当要强调施事的"意志性"或追加施事的责任时，说话人常常会选择把字句。重动句不刻意强调施事的"非意志性"，但这种"非意志性"却往往总是在说话人强调动作行为"自动"量变事实的同时，自然地被反衬凸显。因此，当要强调特定活动中动作行为客观上达到的量或凸显施事的"无意性"以及"减轻、开脱施事的责任"时，说话人常常会选择重动句。

第三，重动句中的 C 大都是施事无意达到的一种非目标性结果，而把字句中的 C 大都是施事有意要达到的一种目标性结果。因此，当说话人认为某种动作行为所导致的结果是动作行为执行者有意造成的一种目标性结果时，一般会选择把字句；反之，当说话人认为某种动作行为所导致的结果是动作行为执行者无意造成的一种非目标性结果时，则会选择重动句。

第四，在表述内容上，重动句排斥"意愿性、目标性、虚拟性"的内容而倾向于报道和陈述"现实性"的事实，把字句则倾向于表述"意愿性、目标性、虚拟性"的内容。因此，当说话人要表达"意愿性、目标性、虚拟性"的内容时，一般会选择把字句而不是重动句，除非因句法、语义的限制只能使用重动句。反之，当说话人要客观地陈述或报道"现实性"的事实时，一般多会选择重动句。

三、"功能差异"给重动句教学带来的启示

以上分析告诉我们，重动句排斥"意志性"的语义内容，因此一般不用来表达"意愿性、目标性"的事情，也一般不表达"故意"去做的事情。这样，对下面这些句子我们就可以很明确地告知学生为什么不对。如：

＊A 妈妈培养我培养成一个医生。（妈妈把我培养成一个医生。）

＊B 我的房间也有蚊子，可是我已经打它们打死了。（我已经把它们打死了）

从句子实际要表达的意思来看，"我成为一个医生"应该是"妈妈"的

一种愿望或目标，而让"蚊子""死"也是"我"所希望的事情或有意、故意做的事情。所以，这些句子实际上表达的其实是一种"意愿性、目标性"的事情，而不是不受意志控制的、无意的、自然而然达到的事情。对教师来说，讲授重动句的时候就应该把这种不适合重动句使用的语用环境告诉学生：当人们想要表达一件"有计划、有目标"的事情，或是"故意、有意"做的事情，或是"想做、希望做"的事情时，最好不要使用重动句。

此外，重动句这种语用特点在形式上还有相应的语法表现，即重动句排斥"想、必须、要、得、希望、愿意"等表能愿、许可的词语进入句子。如果抽象的解释对学生来说还是有一定的理解难度，那么对刚刚接触重动句的学生来说，则不妨干脆利用"想、要、得、希望、愿意"等这些更为具体直观的词语进行说明。即告诉学生，如果他们所要表达的内容是表示"想做、必须做、要做、得做、希望做、愿意做"等事情，那么一般不用重动句来表达。

与重动句语用功能相应的另一个语法表现就是重动句很少以否定句和祈使句的形式存在。因此，在重动句的教学中，最好也要告诉学生：命令或要求别人做某事时最好不要使用重动句，所说的句子是否定句的时候最好也不要使用重动句。

当然，这些启示和建议只是从重动句使用受限的语境方面提出的，对重动句的教学来说，仅仅这些还远远不能满足实际的教学需要。而且我们也只探讨了重动句与把字句语用功能方面的差异，对重动句与其他相关句式的对比研究并未涉及。所以，倘若把重动句与相关句式的对比研究系统深入地进行下去，一定能收获更多利于教学的成果，比如研究 VOC、VCO 句式与重动句的功能差异，就可以解决"我看了一个小时电视""我等了你一上午"和"我等你等了一上午"这类句子的表达差异问题。从这一点来看，本章内容只是重动句与相关句式对比研究中极小的一部分，后续研究空间仍然巨大。

结　语

　　重动句的研究已经走过了近八十年的历史，内容涉及了句法、语义、语用等多个层面的问题，从称说、界定、类别，到句法特点、语义指向、功能、动因、形成机制等，几乎涵盖了重动句所有方面的问题。在理论、方法及研究路径上，既有结构主义的描写，也有功能的分析和认知的解释，还有生成语法的技术剖析，可谓角度多，方法新，范围广。

　　本研究依然围绕重动句这一特殊句式展开，涉及的问题既有老问题，如重动句的称说、界定、分类、语义、功能、与相关句式的对比等；也有前人未曾关注的新问题，如重动句的使用动因。但是，相同的问题不代表研究过程也是一样的。我们在研究中特别注意以下两点：第一，旧题力求新说新解，新题力求有理有据。第二，注意描写与解释并重，在充分描写的前提下重视系统深入的动态研究。

　　总体来看，本研究的内容及特点主要表现在以下几个方面。

　　第一，从意义和形式上对重动句进行双重界定并明确了重动句的具体范围。

　　学界对重动句的界定一直以来都没有一个统一的说法，范围大小也不一致，比如"买菜买了四斤/抽烟抽荆山红"这样的句子，有人把它们划入重动句的范围，有人则认为这类句子不是重动句。之所以出现这种争议，根本的原因是对重动句的界定不够细致和全面。事实上，"重动"的名称只是一种形式上的命名，而"重动句"的真正内涵却并非只是一种形式上的规定，对"重动句"必须从意义和形式上同时进行界定。本研究对重动句的界定是：重动句是指谓语动词（或动词性语素）后带有宾语性成分，再重复动词

（或动词性语素）而后带上补语性成分的一种单句或者分句形式。用符号表示就是"S + VO + VC"。在语义上，重动句必须满足如下条件：第一，S 在某些条件下（如有具体语境的情况下）可以不出现，但在语义上一定存在着。第二，句中的两个 V 表示的一定是同一时间、同一地点的同一个动作。第三，句中的 C 一定是 VO 表现出来的一种结果或状态，即 C 在 VO 执行之前并不存在，而是因为 VO 的执行才产生的。

根据这种界定，"买菜买了四斤"这样的句子在形式和意义上都符合重动句的要求，因此应该算作重动句；而"抽烟抽荆山红"这样的句子只符合重动句"重动"的形式标准，不符合意义标准，不应该算作重动句。

第二，遵循形式和意义相互验证的原则，对重动句"致使/非致使"的意义类型进行重新划分。

"致使"与"非致使"原本是一种意义上的划分，但是"致使/非致使"最初却是完全依靠一种纯形式的标准划分出来的。这样，只考虑用一个形式上的标准去划分意义上"致使"与"非致使"的不同类型，其划分结果必然会有疏漏：有相当一部分本应划入"致使"范围的重动句都被错误地划入了"非致使"的范围。形式和意义相互验证是语法分析中的一个重要原则。对一种科学的分类来说，根据某一形式标准划分出的类别必须能经得起意义上的验证；反之，相同意义类型的成员，在形式上也应该有相对一致的表现用以区分与之不同的另一意义类型的成员。否则单纯的意义分类或形式分类都是不科学的。根据这种分析理念，最初根据形式标准所作的"致使/非致使"的划分并不够科学，因为划分的结果没有得到意义上的验证。

与现有的划分不同，本研究首先从意义出发，根据 VO 与 C 之间是否存在致使关系把重动句划分为"致使/非致使"两种意义类型，然后通过观察两类重动句在形式上的各自表现，进一步检验这种意义划分的可行性。事实证明，这样的划分是可行的，从划分结果来看，两类重动句在形式上都能找到相对一致的形式表现：致使性重动句在句法结构上一般都能变换为"（S）C 是 VOV 得"或"C 是（S）VOV 得"的格式，而非致使性重动句则不可以。可见，与原有的划分相比，我们的划分更客观，也更具可行性。

第三，对重动句的语义问题进行深入探讨。

以往对重动句语义的研究大都以描写语义结构的特点为主，如 VO 与 VC 之间的语义关系、句中各构成成分的语义特点以及补语的语义指向等问题。与这些研究不同，本文从"量"的角度对重动句的语义问题进行了系统深入的重新解释。认为，重动句"VO + VC"的结构形式在整体上表现的基本语义是：表现特定活动中动作行为达到的量。这种量不是固定不变的，而是一个与初始参照量相比变化了的新量。这个新量有时是一种常量，有时是一种超常量，有时还会引起质变。所以，从重动句的整体来看，重动句表现的其实是一种从量变到质变的发展过程。在这一过程中，不同语义类的重动句凸显的是不同的量变阶段。非致使性重动句突显的是量变引起质变过程的前段，致使性重动句突显的则是这一过程的后段。这样，从非致使性重动句到致使性重动句，动作行为达到的量从"常量"到"非质变性超常量"，再到"质变性超常量"，直到引起"质变"，在整体上表现出一种量变的图式。这一图式以量变引起质变的全过程为核心，形成典型的量变图式，即：

$$\boxed{初始参照量}\rightarrow常量\rightarrow非质变性超常量\rightarrow质变性超常量\rightarrow质变$$

以占据不同量变阶段的局部过程为边缘，形成变体图式，即：

$$\boxed{初始参照量}\rightarrow常量$$

$$\boxed{初始参照量}\rightarrow非质变性超常量$$

$$\boxed{初始参照量}\rightarrow常量\rightarrow非质变性超常量$$

$$\boxed{初始参照量}\rightarrow质变性超常量\rightarrow质变$$

所以，重动句是人们表达客观世界逻辑范畴中量变的一种典型句法形式。

第四，对前人未曾关注的使用动因问题进行系统探讨。

在重动句以往的研究中，许多学者都谈到了重动句的产生动因，而使用动因却几乎无人问津。本研究首先分析了重动句功能与使用动因的关系，认为不同的功能成为使用动因的情况会不同："主要功能"一般会成为"使用动因"中的"主要动因"，而"次要功能"则只能成为"次要动因"；"独特性功能"往往会成为"强制性动因"，而"非独特性功能"则一般只能成为"选择性动因"。对重动句的整体来说，使用重动句在句法、语义上主要是为了解决因句法、语义限制而导致的"宾补争动"的矛盾，在语用上则主要是为了突出强调特定活动中动作行为达到的量。但重动句内部是不均质的，不同类型的重动句因其功能的地位、性质不同，使用动因也就不同。

对强制性重动句来说，它的优势功能在于解决了汉语"宾补争动"这一重要的句法问题，因此与该功能相应的使用需求，就成为强制性重动句使用的主要动因和强制性动因。而语用方面的需求，可能有也可能没有。如果有，则"突出强调特定活动中动作行为达到的量"的表达需求就是一种主要动因和强制性动因；如果没有，则这一需求只能是一种次要动因和选择性动因。对选择性重动句来说，解决句法语义方面的问题已不再是它的优势功能，它之所以被使用，主要是为了达到某种特定的表达效果，即满足语用方面的需求。所以，"突出强调特定活动中动作行为达到的量"这一表达需求，就成为选择性重动句使用的主要动因和强制性动因，而句法语义方面解决"宾补争动"矛盾的需求就只能是一种次要动因和选择性动因。

第五，重新探讨重动句的语用功能，并提出新的看法。

进入九十年代以后，重动句的功能问题开始成为学界的研究热点，但一直没有一个统一的说法。而且，重动句以往的功能研究大都从"有"的角度展开，真正从"是"的角度进行的研究很少，相应的这方

面的成果也就不多。针对这种现状，本研究从"是"的角度出发，着重
对重动句的语用功能进行深入探讨，认为重动句独特的语用功能就在于
突出强调特定活动中动作行为达到的量。这种功能与重动句使用上的许
多语法表现都是一致的：重动句多出现在因果和条件环境中，常常用来
充当书面新闻中的"事件"标题，特指问句形式的重动句多针对 C 进行
发问。这些语法表现一方面可以由这种语用功能得到统一的解释，一方
面也从侧面验证了这一功能的存在。

第六，注重重动句与相关句式在语用功能上的对比研究。

重动句与相关句式的对比研究并不是新话题，但一直以来该问题的研究
都是以句式之间的变换关系为主，着重探讨制约句式之间变换关系的各种因
素和条件，对句式之间语用功能的差异则几乎不作探讨，即只重"能否"问
题的研究，不重"是否"问题的探讨。本研究针对"是否"的问题，重点对
重动句与把字句的语用功能进行了对比研究，发现重动句与把字句在语用功
能方面存在一系列的差异，而这些差异正好又可以为重动句的教学提供参
考。如重动句排斥"意志性"的语义内容，因此一般不用来表达"意愿性、
目标性"的事情，也一般不表达"故意"去做的事情，在形式上表现为排斥
"想、必须、要、得、希望、愿意"等表能愿、许可的词语进入句子。此外，
重动句还很少以否定句和祈使句的形式存在。这些都可以作为一种实用性的
研究成果为教学提供参考。

第七，在语料的选择上，不用自拟、孤立的生造句。

自拟的句子一方面不能忠实地反映语言事实的本来面貌，一方面还可能
会带来"研究者为方便自己的研究或支持自己的观点而自造论据"的嫌疑。
而孤立的句子因为缺乏必要的语境，只适合静态的语言分析，不适合动态的
言语分析。所以，尽管重动句例句的收集工作困难较多，但为保证研究的客
观真实性以及达到便于动态分析的特定目的，本研究所使用的例句都是来自
真实语境中的自然语句。这是我们与以往研究的又一不同点。

最后，对后续研究的期待。

研究永无止境，我们试图把重动句研究的触角继续推进，但也只能推进一步或两步，重动句值得研究的问题还很多，即使已经在研究的问题，也还有继续深入的空间，如对重动句教学的研究还远不够，对重动句与其他句式的套叠以及重动句的完句成分和语义限制条件等也还需继续探讨。我们期待重动句后续的研究更深入、更细致、更全面、更系统。

参考文献

一、中文文献（以作者姓氏拼音为序）

著作类

北京语言学院语言教学研究所. 现代汉语补语研究资料［M］. 北京：北京语言学院出版社，1992.

曹逢甫. 主题在汉语中的功能研究［M］. 谢天蔚译. 北京：语文出版社，1995.

崔希亮. 语言理解与认知［M］. 北京：北京语言文化大学出版社，2001.

丁声树等. 现代汉语语法讲话［M］. 北京：商务印书馆，1961.

高更生、王红旗. 汉语教学语法研究［M］. 北京：语文出版社，1996.

何自然、陈新仁. 当代语用学［M］. 北京：外语教学与研究出版社，2004.

胡附、文炼. 现代汉语语法探索［M］. 北京：商务印书馆，1955.

黄伯荣、廖序东. 现代汉语（增订三版）［M］. 北京：高等教育出版社，2002.

李芳杰. 汉语语义结构研究［M］. 武汉：武汉大学出版社，2003.

李临定. 现代汉语句型［M］. 北京：商务印书馆，1986.

李宇明. 汉语量范畴研究［M］. 武汉：华中师范大学出版社，2000.

刘月华、潘文娱等. 实用现代汉语语法（增订本）［M］. 北京：商务印书馆，2001.

陆俭明．现代汉语语法研究教程 [M]．北京：北京大学出版社，2004.

石毓智．汉语研究的类型学视野 [M]．南昌：江西教育出版社，2004.

石毓智．肯定和否定的对称与不对称 [M]．北京：北京语言文化大学出版社，2001.

石毓智、李讷．汉语语法化的历程——形态句法发展的动因和机制 [M]．北京：北京大学出版社，2001.

石毓智．语法的认知语义基础 [M]．南昌：江西教育出版社，2000.

束定芳．语言的认知研究——认知语言学论文精选 [M]．上海：上海外语教育出版社，2001.

束定芳．中国语用学研究论文精选 [M]．上海：上海外语教育出版社，2001.

王力．中国现代语法 [M]．北京：商务印书馆1985年新一版，1943.

王力．中国语法理论 [M]．北京：中华书局1954年版，1944.

王寅．认知语言学 [M]．上海：上海外语教育出版社，2007.

吴竞存、梁伯枢．现代汉语句法结构与分析 [M]．北京：语文出版社，1992.

邢福义．汉语语法特点面面观 [M]．北京：北京语言文化大学出版社，1999.

熊仲儒．现代汉语中的致使句式 [M]．合肥：安徽大学出版社，2004.

徐烈炯、刘丹青．话题与焦点新论 [M]．上海：上海教育出版社，2003.

徐枢．宾语和补语 [M]．哈尔滨：黑龙江人民教育出版社，1985.

袁晖、戴耀晶．三个平面：汉语语法研究的多维视野 [M]．北京：语文出版社，1998.

袁毓林．袁毓林自选集 [M]．桂林：广西师范大学出版社，1999.

张伯江、方梅．汉语功能语法研究 [M]．南昌：江西教育出版社，1996.

张敏．认知语言学与汉语名词短语［M］．北京：中国社会科学出版社，1998.

张旺熹．汉语句法的认知结构研究［M］．北京：北京大学出版社，2006.

张旺熹．汉语特殊句法的语义研究［M］．北京：北京语言文化大学出版社，1999.

赵金铭．汉语研究与对外汉语教学［M］．北京：语文出版社，1997.

赵艳芳．认知语言学概论［M］．上海：上海外语教育出版社，2001.

赵元任．汉语口语语法［M］．北京：商务印书馆，1979.

朱德熙．语法讲义［M］．北京：商务印书馆，1982.

左思民．汉语语用学［M］．郑州：河南人民出版社，2000.

期刊论文

常敬宇．语用对句法句式的制约［J］，语文研究，2000，第 1 期．

陈平．释汉语中与名词性成分相关的四组概念［J］．中国语文，1987，第 4 期．

陈忠．"结构－功能"互参互动机制下的重动句配置参数功能识解［J］．中国语文，2012，第 3 期．

崔希亮．"把"字句的若干句法语义问题［J］．世界汉语教学，1995，第 3 期．

戴浩一．时间顺序和汉语的语序［J］．黄河译，国外语言学，1988，第 1 期．

戴浩一．以认知为基础的汉语功能语法刍议（上）［J］．叶蜚声译，国外语言学，1990，第 4 期．

戴浩一．以认知为基础的汉语功能语法刍议（下）［J］．叶蜚声译，国外语言学，1991，第 1 期．

戴耀晶．试说汉语重动句的语法价值［J］．汉语学习，1998，第 2 期．

范开泰．语用分析说略［J］．中国语文，1995，第 6 期．

范晓．复动"V 得"句［J］．语言教学与研究，1993，第 4 期．

高晓梅．汉语动结式的语义分析［J］．黑河学刊，2003，第 4 期．

龚千炎．受事主语句［J］．中国语文，1980，第 5 期．

关雷、关伟．重动句两个动词短语之间的语义制约关系［J］．齐齐哈尔大学学报，2003，第 3 期．

郭继懋、王红旗．粘合补语和组合补语表达差异的认知分析［J］．世界汉语教学，2001，第 2 期．

郭锐．汉语动词的过程结构［J］．中国语文，1993，第 6 期．

何融．汉语动词复说法初探［J］．中山大学学报，1958，第 1 期．

胡明扬．再论语法形式和语法意义［J］．中国语文，1992，第 5 期．

黄月圆．把/被结构与动词重复结构的互补分布现象［J］．中国语文，1996，第 2 期．

李桂霜．关于"量"的反思——事物"构成成分在空间上的排列组合"是事物量的规定性吗？［J］．北方论丛，1995，第 5 期．

李汉威．怎样分析谓语后面的数量短语［J］．江汉大学学报，1998，第 4 期．

李临定．"被"字句［J］．中国语文，1980，第 6 期．

李临定．带"得"字的补语句［J］．中国语文，1963，第 5 期．

李临定．动补格句式［J］．中国语文，1980，第 2 期．

李临定．名词短语补语句析［J］．中国语文，1989，第 4 期．

李敏．把/被结构与动词重复结构的变换［J］．湛江师范学院学报，1997，第 3 期．

李敏．把/被结构与动词重复结构的互补分布献疑［J］．烟台师范学院学报，1998，第 2 期．

李讷、石毓智．汉语动词拷贝结构的演化过程［J］．国外语言学，

1997, 第 3 期.

　　李咸菊. 重动句的语义关系及补语的语义指向规律 [J]. 喀什师范学院学报, 2004, 第 2 期.

　　李咸菊. 重动句几种语用功能微探 [J]. 四川教育学院学报, 2004, 第 7 期

　　李宇明. 主观量的成因 [J]. 汉语学习, 1997, 第 5 期.

　　林达青、元传军. 重动句语用功能研究综述 [J]. 池州师专学报, 2001, 第 1 期.

　　林忠. 功能语法视角下的重动句句法语义考察 [J]. 重庆理工大学学报, 2010, 第 5 期.

　　凌璧君. 再议 "现代汉语重动句的分类" [J]. 语文学刊, 2014, 第 7 期.

　　刘顺. 现代汉语无指的分类和分布位置 [J]. 云南师范大学学报 (对外汉语教学与研究版), 2004, 第 2 期.

　　刘维群. 论重动句的特点 [J]. 南开大学学报, 1986, 第 3 期.

　　刘雪芹. 重动句的句法语义问题研究 [J]. 徐州师范大学学报, 2003a, 第 1 期.

　　刘雪芹. 重动句的类别 [J]. 扬州大学学报, 2000, 第 5 期.

　　刘雪芹. 重动句研究综述 [J]. 徐州师范大学学报, 1998, 第 1 期.

　　卢福波. 谈汉语动词的相关性及其对句法结构的制约作用 [J]. 世界汉语教学, 1994, 第 4 期.

　　陆丙甫. 从语义、语用看语法形式的实质 [J]. 中国语文, 1998, 第 4 期.

　　陆俭明. 述补结构的复杂性 [J]. 语言教学与研究, 1990a, 第 1 期.

　　陆俭明. "VA 了" 述补结构语义分析 [J]. 汉语学习, 1990b, 第 1 期.

　　吕叔湘. 给 "第二届现代语言学现代汉语语法讨论会" 的贺信 [J]. 汉语学习, 1990, 第 4 期.

　　吕叔湘. 汉语句法的灵活性 [J]. 中国语文, 1986, 第 1 期.

　　吕叔湘. 通过对比研究语法 [J]. 语言教学与研究 (试刊), 1977, 第

二集. 又见: 语言教学与研究, 1992, 第 2 期.

吕映. 汉语重动句式的语义特征和语用功能 [J]. 杭州师范学院学报, 2001, 第 3 期.

马真、陆俭明. 形容词作结果补语情况考察 [J]. 汉语学习, 1997, 第 1、4、6 期.

梅立崇. 也谈补语的表述对象问题 [J]. 语言教学与研究, 1994, 第 2 期.

穆力. 两种带 "得" 的动补结构比较 [J]. 汉语学习, 1981, 第 2 期.

聂仁发. 重动句的语篇分析 [J]. 湖南师范大学社会科学学报, 2001, 第 1 期.

秦礼君. 关于 "动 + 宾 + 动重 + 补" 的结构形式 [J]. 语言研究, 1985, 第 2 期.

任鹰. 主宾可换位动结式述语结构分析 [J]. 中国语文, 2001, 第 4 期.

任玉华. "动、补、宾" 句式分析 [J]. 汉语学习, 2001, 第 4 期.

沈家煊. 如何处置 "处置式"? ——论把字句的主观性 [J]. 中国语文, 2002, 第 5 期.

沈家煊. 语用·认知·言外义 [J]. 外语与外语教学, 1997, 第 4 期.

施春宏. 动词拷贝句的语法化机制及其发展层级 [J], 国际汉语学报, 2014, 第 5 卷第 1 辑.

施春宏. 动词拷贝句句式构造和句式意义的互动关系 [J], 中国语文, 2010, 第 2 期.

石毓智. 汉语发展史上的双音化趋势和动补结构的诞生——语音变化对语法发展的影响 [J]. 语言研究, 2002, 第 1 期.

宋文辉. 动结式在几个句式中的分布 [J]. 语文研究, 2004, 第 3 期.

孙红玲. 致使性重动句的量变图式 [J]. 世界汉语教学, 2004, 第 4 期.

谭景春. "动 + 结果补语" 及其相关句式 [J]. 语言教学与研究, 1997, 第 2 期.

唐翠菊. 现代汉语重动句的分类 [J]. 世界汉语教学, 2001, 第 1 期.

王艾录．"动词＋在＋方位结构"刍议［J］．语文研究，1982，第 2 期．

王灿龙．试论小句补语句［J］．语言教学与研究，2000，第 2 期．

王灿龙．现代汉语回声拷贝结构分析［J］．汉语学习，2002，第 6 期．

王灿龙．重动句补议［J］．中国语文，1999，第 2 期．

王红旗．动结式述补结构的语义是什么［J］．汉语学习，1996，第 1 期．

王红旗．动结式述补结构在把字句和重动句中的分布［J］．语文研究，2001，第 1 期．

王红旗．谓词充当结果补语的语义限制［J］．汉语学习，1993，第 4 期．

王还．汉语结果补语的一些特点［J］．语言教学与研究，1979，第 2 期．

王静．"个别性"与动词后量成分和名词的语序［J］．语言教学与研究，2001，第 1 期．

王起澜．受事主语句浅说［J］．汉语学习，1982，第 1 期．

文炼．句子分析漫谈［J］．中国语文，1982，第 3 期．

项开喜．汉语重动句式的功能研究［J］．中国语文，1997，第 4 期．

肖奚强、张静．现代汉语重动句研究综述［J］．南京广播电视大学学报，2004，第 1 期．

肖奚强、张亚军．"N1＋V 得＋N2＋VP"句式歧义分析［J］．语言教学与研究，1990，第 3 期．

谢福、王培光．构式视角下"V＋O＋V＋QM"句式研究［J］．国际汉语学报，2014，第 5 卷第 1 辑．

熊仲儒．汉语重动句的句法分析［J］．华文教学与研究，2017，第 2 期．

徐国玉．动补宾结构管见［J］．汉语学习，1986，第 5 期．

杨玉玲．重动句和"把"字句的使用考察［J］．世界汉语教学，1999，第 2 期．

杨玉玲．重动句研究综述［J］．汉语学习，2004，第 3 期．

曾传禄．重动句宾语的指称性质［J］．洛阳师范学院学报，2007，第 4 期．

詹人凤. 动结式短语的表述问题 [J]. 中国语文, 1989, 第 2 期.

张伯江. 被字句和把字句的对称与不对称 [J]. 中国语文, 2001, 第 6 期.

张伯江. 论"把"字句的句式语义 [J]. 语言研究, 2000, 第 1 期.

张伯江. 施事角色的语用属性 [J]. 中国语文, 2002, 第 6 期.

张旺熹. "把"字句的位移图式 [J]. 语言教学与研究, 2001, 第 3 期.

张孝荣. 重动句的句法结构及其生成研究 [J]. 解放军外国语学院学报, 2017, 第 2 期.

赵林晓、杨荣祥. 近代汉语重动句的来源及其分类 [J]. 民族语文, 2016, 第 4 期.

赵普荣. 从动谓句中的动词重复谈起 [J]. 中国语文, 1958, 第 2 期.

赵淑华、张宝林. 离合词的确定与离合词的性质 [J]. 语言教学与研究, 1996, 第 1 期.

赵新. 试论重动句的功能 [J]. 语言研究, 2002, 第 1 期.

赵新. 重动句的结构和语义分析 [J]. 华侨大学学报, 2001, 第 1 期.

钟小勇. "都"与重动句的信息结构 [J]. 新疆大学学报 (哲学·人文社会科学版), 2018, 第 5 期.

钟小勇. 可插入成分与重动句信息结构分析 [J]. 语言科学, 2006, 第 6 期.

钟小勇. 重动句、把字句及物性差异及其话语动因 [J]. 世界汉语教学, 2017, 第 4 期.

钟小勇. 重动句宾语话语指称性分析 [J]. 世界汉语教学, 2010, 第 2 期.

周海峰. 从重动句看"把"字句 [J]. 徐州师范大学学报 (哲学社会科学版), 1998, 第 2 期.

周小兵. 动宾组合带时量词语的句式 [J]. 语言教学与研究, 1997, 第 4 期.

朱德熙. 变换分析中的平行性原则 [J]. 中国语文, 1986, 第 2 期.

论文集

范晓. 论"致使"结构 [A]. 见：语法研究和探索（十）[C]. 北京：商务印书馆, 2000.

郭锐、叶向阳. 致使表达的类型学和汉语的致使表达 [A]. 见：第一届肯特岗国际汉语语言学圆桌会议论文 [C], 2001.

洪心衡. 综论宾语和补语的一些问题 [A]. 见：汉语语法问题研究（续编）[M]. 福州：福建人民教育出版社, 1963.

胡文泽. 汉语句法分析的一个不同角度 [A]. 见：石锋主编. 海外中国语言学研究 [C]. 北京：语文出版社, 1994.

李江. 重动句语义分析及其教学启示 [A]. 见：中国对外汉语教学学会第七次学术讨论会文选 [C]. 北京：人民教育出版社, 2002.

李晋荃. 句法成分的话题化 [A]. 见：三个平面：汉语语法研究的多维视野 [M]. 北京：语文出版社, 1998.

刘一之. "把"字句的语用、语法限制及语义解释 [A]. 见：语法研究和探索（十）[C]. 北京：商务印书馆, 2000.

吕叔湘. 把字用法的研究 [A]. 见：汉语语法论文集 [C]. 北京：商务印书馆, 1980.

邵敬敏. 形式与意义四论 [A]. 见：语法研究和探索（四）[C]. 北京：北京大学出版社, 1988.

王希杰. 施受、词序、主宾语 [A]. 见：语法研究和探索（四）[C]. 北京：北京大学出版社, 1988.

温锁林. 汉语句子的信息安排及其句法后果——以"复动句"为例 [A]. 见：邢福义主编. 汉语语法特点面面观 [M]. 北京：北京语言文化大学出版社, 1999.

张旺熹. 重动结构的远距离因果关系动因 [A]. 见：徐烈炯，邵敬敏主编. 汉语语法研究的新拓展（一）[C]. 杭州：浙江教育出版社, 2002.

硕士、博士论文

丁婵婵. 现代汉语重动句的认知研究 [D]. 上海：上海师范大学博士论文, 2015.

姜丹丹. 现代汉语重动句研究述评 [D]. 长沙：吉林大学硕士研究生学位论文, 2009.

姜悦. 现代汉语重动句的句法与语义研究 [D]. 北京：北京交通大学硕士研究生学位论文, 2007.

李纯. 论现代汉语重动句使用的选择性与强制性 [D]. 武汉：华中科技大学硕士研究生学位论文, 2006.

刘梨花. 对外汉语教学角度的现代汉语重动句考察 [D]. 长沙：湖南师范大学硕士研究生学位论文, 2010.

刘雪芹. 现代汉语重动句研究 [D]. 上海：复旦大学博士研究生学位论文, 2003b.

孙红玲. 从量变到质变——重动句语义新解 [D]. 北京：北京语言文化大学硕士论文, 2002.

唐翠菊. 现代汉语重动句研究 [D]. 北京：北京语言大学硕士研究生学位论文, 1999.

魏扬秀. 重动句的原因解释功能分析 [D]. 北京：北京语言大学硕士研究生学位论文, 2001.

徐丹丹. 图形－背景理论关照下汉语重动句的认知研究 [D]. 开封：河南大学硕士研究生学位论文, 2015.

钟小勇. 重动句信息结构研究 [D]. 上海：复旦大学博士论文, 2008.

词典工具书

孟琮、郑怀德等. 汉语动词用法词典 [K]. 北京：商务印书馆, 1999.

二、英文文献

Huang, C. – T. James 1982 Logical Relations in Chinese and the Theory of Grammar. Ph. D. dissertation, MIT.

Langacker, Ronald W. 1987. *Foundations of Cognitive Grammar*, Vol. 1&2. Standford: Standford University Press.

Tsau, Feng – fu. 1987. On the So – Called "Verb – Copying" Construction in Chinese. *Journal of the Chinese Language Teachers Association*, 22:2.

Huang, C. – T. James. 1988. Wo Pao De Kuai and Chinese Phrase Structure. *Language*, 64:274 – 311.

Voorst, Jan G. van. 1988. *Event Structure*. John Benjamins Publishing Company Amsterdam / Philadelphia.

Chang, Claire – Hsun – huei. 1991. Verb Copying: Toward a Balance between Formalism and Functionalism. *Journal of the Chinese Language Teachers Association*, 26:1.

Hsieh, Miao – Ling. 1992. Analogy as Type of Interaction: the Case of Verb Copying. *Journal of the Chinese Language Teachers Association*, 27:75 – 92.

Tai, James H. – Y. 1999. Verb – copying in Chinese Revisited. *Chinese Language and Linguistics* V: Interactions in Language Symposium Series of the Institute of History and Philology, No. 2, Academia Sinica. p. 97 – 119.

Tai, James H. – Y. 1989. Toward a cognition – based functional grammar of Chinese. In Tai and Hsueh (1989). 汉译文见《功能主义与汉语语法》(叶蜚声等译,北京语言学院出版社,1994)。

Tai, James H. – Y. and Frank F. S. Hsueh (eds). 1989. *Functionalism and Chinese Grammar*. 汉译文为《功能主义与汉语语法》(叶蜚声等译,北京语言学院出版社,1994)。

Tai, James H. – Y. 1993. Iconicity: motivations in Chinese grammar. In *Current Issues in Linguistic Theory*: *Studies in Honor of Gerald A. . Sanders*. Mushira Eid and Gregory Iverson(eds) , Amsterdam: John Benjamins.

后　记

　　人到中年，觉得最不够用的就是时间和精力，上老下小，工作家庭，忙忙碌碌，日复一日。终于鼓起勇气再次翻看博士论文，才发现，自己都博士毕业 14 年了！14 年，从学生变成老师，从女孩成为妈妈，从青年变成中年。角色多了，责任也多了。平淡的生活还来不及细细品味，时间却早已在不经意间悄悄溜走，让人止不住地感慨：太快了！

　　14 年变化很多，有一样东西却始终未变，那就是我的导师赵金铭先生对我的教导与关爱。十多年来，赵老师一直敦促我要抓紧时间把论文好好修改完善一下，争取早日出版，无奈多重角色的牵扯与自身的懒惰多次成为拖延的借口和理由，以至于直到今天论文才得以重新修改并出版。

　　再读论文，已经少了当初完成时那份如释重负的激动，但写论文的情形却一直记忆犹新。论文是在不足 20 平方米的小屋里完成的，当时为了写论文，爱人专门从我们为数不多的积蓄中拿出 7000 多元，给我买了一台清华同方的笔记本电脑。用这台电脑，我不停地写了删，删了写，经历了无数个昼夜不分的日子后，终于完成了十几万字的博士论文。匆促间交付论文的那一刻，心中的惴惴之情才在草的芬芳和风的清爽中慢慢开始融化，唯有那深深的感激与不安，一直在心头久久萦绕……

　　2002 年 9 月，我如愿以偿地投师在赵金铭教授的门下攻读博士学位。读博期间，得益于北京语言大学对外汉语研究中心研究氛围的熏陶，更得益于赵老师的悉心指导，论文从选题、开题、写作到定稿，字字句句都倾注了老师无数的心血和付出，论文也因此完成得顺利、圆满。生活中，老师和师母更是给予了我父母般的关怀和照顾，小到吃穿住行，大到婚姻工作，一点一滴都不曾忽略。这点点滴滴的一切，让我在默念师恩的同时，也看到了老师勤勉的治学精神、严谨的治学态度和宽厚的为人风范，更从中学到了不少为学和做人的道理，这将成为我毕生受用的宝贵财富。

博士毕业后，论文曾一度搁置，我也倍感惭愧，觉得特对不起老师。今年，经过反复修改和完善，论文终于可以出版了，最期盼的就是能得到老师的"序"，可同时又心疼他老人家的身体，毕竟老师已经是80岁高龄了。纠结却又不想遗憾，只好怀着忐忑的心情再次交给老师审阅。给老师打电话，老师特别高兴，答应尽快写序。后来，因为更改书名的问题，出版社要求尽快确定，于是一着急又给老师打电话，但家中无人接听。怕总打电话会打扰老师和师母，于是不知情的我就给师母发了微信，没成想这反而惊扰了老师。原来打电话的时候老师正在医院，收到我的信息后，老师怕我着急，从医院回家后不顾身体不适和劳累很快就给我回了信。信是这样写的："红玲，你打电话的时候，我跟周老师去北医三院取化验结果，没能接听电话，让你着急了。早上我浏览了一下书稿，也觉得很难有个更有特色的书名，因为太难概括了。可以转告出版社不做改动了，书名与关键词一仍其旧。我会尽快把序写好。看到你修改后的书稿，可知你又下了一番功夫，我很欣慰。能为你的书写序，我从心里高兴。你课多，负担重，别太累，张弛有致为宜。"看完信，眼眶早已湿润，惭愧至极又十分自责，老师是多好的一个人！

这就是老师的为人，不管什么时候，只要有需要，他就从不吝惜自己的心血和精力，即使年迈高龄，即使身体不适。

论文出版成作，虽然做了不少修改，但主要内容、研究思路和整体框架并未做大的改动，所以没有博士论文，就没有这本书。而博士论文的顺利完成，又离不开诸多师长同门及亲朋好友的无私帮助。

是的，需要感谢的人太多！

我的硕士导师、北京语言大学的张旺熹教授，是我人生中的另一位恩师，也是引导我走上学术研究道路的第一位导师。从刚开始连论文是什么都不知道，到后来顺利完成硕士论文"从量变到质变——重动句语义新解"（博士论文正是在此基础上进一步写作完成，这部分内容也成为博士论文重要的一章），期间我的每一步成长都离不开张老师的引导与帮助。生活中的张老师更像一位朋友，常与我们谈心，也时常和我们一起吃饭。硕士三年是我人生中最艰难的一段时间，经济上的压力让我连基本的生活问题都难以解决，而张老师时常会自掏腰包请我们吃饭，这于我来说，绝对是改善生活。而令我最难忘的，是当时为了写论文，张老师亲自把自己家的电脑送到我的宿舍，对我这个需要到处借电脑才能写论文的穷学生来说，这不能不说是雪中送炭。感谢张老师！您不仅教给我做学问的思路和方法，更在生活中给予我诸多关怀与照顾，还在博士论文的写作中时时给以点拨、建议、鼓励和指导。没有这些，我不会收获今天的一切。

还要感谢北京大学的陆俭明教授、郭锐教授，北京语言大学的崔希亮教授、陈前瑞教授，以及已故的孙德金教授，他们在我博士论文的开题报告会上提出了许多细致具体的建议，这些建议既开阔了论文的研究视野，也帮我理清了研究的思路和重点，大大加快了论文的撰写进程。

在论文的最后冲刺阶段，刚做妈妈不久的师姐朱明媚在一边要照看孩子一边又要工作的情况下，仍然毫不犹豫地为我承担了论文提要的翻译工作，使我在有限的时间里及时完成了论文的送审。同门师姐郭姝慧也常常在我灰心退缩的关键时刻给我莫大的精神支持。而师妹杨峥琳则为我的资格考试和论文开题等重要事项承担了大量的记录工作。这一切都让我心怀感激，至今不忘。

我有幸与同窗彭锦维、唐伶、郑则芝共同度过了博士三年的美好时光，我们共同学习、共同探讨，相互谈心嬉闹，也曾在写论文和找工作的双重压力下互相鼓励安慰。她们给予我的这份珍贵情谊，我将倍加珍惜。

我是从小山村里走出来的苦孩子，求学经历艰难曲折，在此我要特别感谢我的家人。感谢父母的养育之恩，是他们给我生命之躯并助我走上求知之路；感谢哥嫂姐姐对我多年求学的鼓励与支持，他们对年迈患病父母的悉心照料使我能安心求学并能全力以赴写作论文。爱人吴茂峰是一名军人，特殊的工作性质使他身上的担子格外沉重，但他依然默默地为我们的小家奉献了全部，多年来他给予我无微不至的关怀与照顾、不可替代的理解与支持，以及百分百的包容与体谅，都是我不断进取的力量源泉。2010 年，女儿的出生改变了我们这个小家的生活节奏，让我的生活更忙碌却也增添了更多的欢乐与幸福，她是我生活中面对困难勇往直前新的精神动力。

回首过往，度过了 22 年的学生生活，走过了 14 年的工作历程，身边的人所惠赠我的一切，这本书无力承载。我愿用加倍的努力和奋斗，去回馈赋予我这一切的每一位师长、学友、朋友和亲人。

孙红玲

2019 年 11 月 18 日于家中